공민수 ⓒ 2023, Printed in Seoul, Korea.
First Published in Korea by The Angle Books Co., Ltd.

일러두기

본문에 삽입된 이미지와 텍스트 들 중 일부는 공쌤반 아이들의 고유 작품입니다. 이에 따라 한글 맞춤법 및 외래어 표기법과 다르게 표기되었으며, 이미지 또한 원본으로 실었음을 미리 알려드립니다.

들어가며

공쌤은 왜!
인공지능 융합 프로젝트 수업을 하나요?

1. 성공 경험 쌓기

　공쌤은 어릴 적 미술 시간이 힘들었어요. 뭐든 열심히 하는 편인데도 유독 미술 시간은 쉽지 않았죠. 그때 느꼈던 감정들이 어른이 된 후에도 고스란히 남아 있다는 사실을 깨달았습니다. 여러분과 미술 수업을 하면서 말이죠.

　물론 교사의 입장에서 보면, 화가처럼 잘 그리는 것보다 미술 시간을 통해 자신의 생각을 표현하는 과정이 훨씬 중요하다는 점을 잘 알고 있어요. 하지만 그림을 그리는 과정에서 여러분이 느끼는 좌절감은 무시할 수 없습니다. 자신뿐 아니라 누가 봐도 잘 그렸다고 평가할 만한 그림을 그리고 싶어 하거든요. 심지어 잘 그리는 데 몰두하느라 자신의 생각을 표현하고 싶다는 마음은 뒤로 밀리고 맙니다.

그래서 공쌤은 다음과 같은 고민을 시작했어요. '이런 학생들의 현실과 교사의 이상 사이에 존재하는 틈을 메울 방법은 없을까?'

고민 끝에 공쌤이 찾은 해결책은 바로 인공지능 기술이 들어간 에듀테크를 활용하는 방법이었습니다. 그림을 잘 그리고 싶다는 여러분의 욕구를 채워 주면, 자연스럽게 스스로 어떤 생각을 갖고 있는지 헤아리게 되거든요. 그리고 그 생각을 표현하는 행위에 몰입하게 되죠. 이 과정을 통해 여러분은 깨닫게 됩니다. '생각을 표현하는 데 그림 실력은 중요하지 않구나.' 하고 말이죠. 공쌤은 여러분에게 이런 내적 성공 경험을 계속해서 안겨 주고 싶었습니다.

2. 표현 능력 기르기

학생들의 최종 작품들을 살펴보면 대부분 비슷해요. 그 작품들을 보면서 피식 웃는 어른들도 계시겠죠. 그다지 수준이 높지 않다고 생각하실 거예요. 동일한 인공지능 에듀테크를 사용했기 때문에 비슷해 보일 수 있습니다. 하지만 조금만 주의 깊게 들여다 보면 작품 하나하나가 다 다르다는 사실을 금방 알 수 있습니다. 왜냐하면 학생들이 자신의 그림에 대해 직접 자세히 설명하고 있기 때문입니다.

〈작가는 도슨트〉라는 프로젝트를 진행할 때였어요. 인터넷 공유 게시판에 학생들의 작품을 올렸습니다. 그리고 댓글로 자신의 작품을 직접 설명해 보라고 했죠. 그랬더니 평소 '내 생각을 글로 표현해 보자.'라고 하면 '선생님, 한 줄만 써도 돼요? 못 쓰겠어요.'라던 아이들이 달라졌습니다. 자기 생각을 정말로 집중해서 적기 시작했거든요. 이 색을 선택한 이유, 작품 안에 그림을 넣은 이유, 작품 내용을 어떻게 수정했는지, 그 과정 중에 어떤 고민을 했는지 등에 관한 이야기들을 쏟아 냈어요. 아이들이 자신들의 고민과 생각을 담아 그림을 그렸다는 사실을 알 수 있었죠! 그날 느꼈던 교사로서의 감동은 아마 앞으로도 잊지 못할 것 같습니다.

3. 미래 직업 경험하기

이러한 활동을 통해 공쌤반 여러분을 화가로 만드는 게 목표는 아닙니다. 자기 생각을 표현하는 행위의 중요성, 표현 방법의 다양성 그리고 이를 통해서 미래 직업 경험을 쌓는 것이 목표입니다.

어른들은 흔히들 이렇게 말하죠.

"어릴 때 다양하게 경험해 봐야 해."

정말 삶의 지혜가 묻어 있는 말씀이에요. 이 책은 다양한 경험을 어떻게 해 보냐고 묻는 여러분에게 해 주고 싶은 대답이기도 해요. 그래서 다음과 같은 다양한 프로젝트 수업 활동을 준비했어요. 이러한 활동을 통해서 여러분이 다양한 경험을 직접 해 보는 기회를 주고 싶습니다.

순서	프로젝트 명	역할
1	동화 작가 되기 AI 프로젝트	스토리 작가, 그림 작가, 동화책 편집자
2	웹툰 작가 되기 AI 프로젝트	웹툰 작가, 웹툰 편집자
3	애니메이션 감독 되기 AI 프로젝트	영상 편집자, 성우, 자막 편집자, 프로듀서, AI 활용 기술자
4	시인 되기 AI 프로젝트	시인, 시화 작가
5	화가 되기 AI 프로젝트	화가, AI 윤리 토론자
6	AI 프로젝트 작품 전시회	학예 연구사-큐레이터, 전시 해설사-도슨트, 전시 디자이너, 미술 작품 관람자, 미술관 관장

4. 생각하는 힘 기르기

인공지능으로 웹툰을 그리면 실력의 차이가 아닌 생각의 차이가 중요하다는 점을 깨닫게 되죠. 그리고 생각의 차이는 고민의 양과 독서의 양에서 온다는 점도 자연스럽게 알게 됩니다. '왜 매일 보는 웹툰은 재밌지?'를 생각하다 보면 이야기가 얼마나 중요한지 스스로 이해하게 되고요.

요즘 교실에서 만나는 친구들은 글짓기 시간을 많이 힘겨워 합니다. 문장을 만드는 것은 내 생각을 표현하는 일이잖아요. 단순해 보이지만 엄청나게 복잡한 일이라는 점을 누구나 이해하실 겁니다. 단순한 감정을 표현하는 것과 깊은 고민을 신중하게 고른 단어로 표현하는 것 사이에는 정말 큰 차이가 있으니까요.

바로 이런 점들도 여러분이 배우길 바랐습니다. 그리고 더 나아가 글짓기의 즐거움도 알려 주고 싶었어요. 그래서 '글짓기를 힘겨워 하는 학생들의 현실'과 '글짓기의 즐거움' 사이의 공백을 메워 주고 현실적인 장애물을 넘게 만들기 위해 인공지능과 함께 동화를 쓰고 시를 짓는 프로젝트 수업 등을 만들게 되었습니다.

수업 결과물들의 수준은 평등할 수 없지만, 수업의 즐거움은 평등할 수 있다고 생각해요. 그리고 이미 인공지능 기술의 혁명은 우리 삶으로 들어와 있고, 여러분은 스마트폰 시대를 넘어 인공지능 시대를 주도하며 살아가야 하죠. 부디 지금부터라도 환경의 제약 때문에 경험해 보지 못하는 일이 없었으면 해요. 선생님은 공교육 교사로서 누구나 교육의 기회는 평등하게 가져야 한다고 생각하니까요. 이런 생각과 고민을 독자 여러분과 나눌 수 있어서 정말 행복합니다. 그리고 감사합니다.

등장인물 소개

✨ 공쌤과 최강의 AI 공쌤반 아이들 ✨

개성 만점 일곱 명의 친구들이 '공쌤반'에 모였다!
공쌤반 친구들은 외모도, 성격도, 꿈도 다르지만 인공지능 수업에 대한 열정은 하나같이 커요. 그럼 지금부터 개성 넘치는 친구들과 함께 다양한 인공지능을 활용한 즐거운 프로젝트 활동을 시작해 봅시다!

공쌤 `열정열정 선생님`

평소에는 진지하지만 인공지능 수업을 할 때는 여행 가이드, 사회자 등으로 능청스럽게 변신! 학생들이 인공지능 개념을 머리가 아닌 몸으로 자연스럽게 체득하고 활용해 보는 경험을 재미있게 쌓을 수 있도록 돕는다.

준형 `컴퓨터 덕후`

국어와 수학 시간에는 도움반에서 특수 교사 선생님에게 수업을 듣고, 나머지 수업 시간에는 공쌤반에서 수업을 듣는 통합반 친구이다. 컴퓨터를 좋아해 컴퓨터 과학자가 꿈이다.

시윤 `그림바라기`

그림 그리기를 즐기고, 그림 작가가 꿈이다. '화가 되기 AI 프로젝트' 수업을 통해 '그림은 자신의 생각을 표현하는 도구'라는 점을 깨닫는다.

창훈 `분위기 메이커`

활달한 성격으로 공쌤반의 분위기 메이커! 에너지가 넘치고 주목받는 것을 좋아하며, 연예 기획사 대표가 꿈이다.

재혁 `걸어 다니는 백과사전`

책 읽는 것을 좋아해 배경 지식이 풍부하다. 가끔 선생님도 모르는 지식을 알려 주기도 하고, 모르는 내용을 검색하여 알아내는 능력도 뛰어나다. 소방관이 꿈이다.

지원 `웹툰 대장`

평소에 웹툰을 많이 봐서 웹툰에 대한 관심과 호기심이 많다. 공쌤반에서 '웹툰 작가 되기 AI 프로젝트' 수업을 통해 웹툰 작가로서의 꿈을 키운다. 앞으로 웹툰 분야에서 1위를 하는 게 목표이다.

아람 `호기심 대왕`

호기심이 많은 만큼 꿈도 많은 친구이다. 다양한 과목에 관심을 가지고 적극적인 태도로 의견을 제시한다. 최근에는 음악에 관심이 많다.

민희 `영어 박사`

외교관이 꿈으로, 외국에서 살다 온 적은 없지만 영어를 잘한다. 수업 중에 친구들이 모르는 영어 단어가 나오면 친절히 해석해 주거나 예를 들어서 알려 주곤 한다.

차례

들어가며 ✦ 공쌤은 왜! 인공지능 융합 프로젝트 수업을 하나요? • 5

등장인물 소개 ✦ 공쌤과 최강의 AI 공쌤반 아이들 • 10

1장

동화 작가가 되어 보자! ✦ 전 세계 랜드마크 스토리텔링 AI 프로젝트 ①

1 글을 써 주는 인공지능이 있다고? • 18

2 랜드마크 조사하기: 오늘은 내가 해외 파견 기자! • 25

3 동화 작가 되기, Step 1: ChatGPT를 활용해서 초고 써 보기 • 38

4 동화 작가 되기, Step 2: 고쳐쓰기, 이어 쓰기 • 50

5 ChatGPT 원리: 사람처럼 배우고 이야기하는 인공지능 • 57

6 그림이 필요해: 인공지능으로 그림 작가 되기 • 67

7 e북으로 동화책 출판 편집자 되기 • 85

8 북 콘서트 열기: 꼬마 작가님들의 북토크 • 95

2장

웹툰 작가가 되어 보자! ✦ 전 세계 랜드마크 스토리텔링 AI 프로젝트 ②

1 K-웹툰의 시작! • 108
2 캐릭터 만들기: 인공지능도 우리처럼 뇌가 있다고? • 114
3 대사 만들기: 텍스트에서 감정 정보를 찾는 인공지능 • 128
4 웹툰 장면 만들기: '레이어'는 아파트! • 136
5 웹툰 작가 되기: 신나는 이야기 만들기 • 146
  ✽ 보너스 프로젝트 실전, 이제 나도 웹툰 작가! • 162

3장

애니메이션 감독이 되어 보자! ✦ 전 세계 랜드마크 스토리텔링 AI 프로젝트 ③

1 영상을 만들어 주는 인공지능이 있다고? • 168
2 인공지능, 과연 편하고 좋기만 할까? • 175
3 애니메이션 시사회 • 191

4장
시인이 되어 보자! ✦ 봄꽃 AI 프로젝트

1 봄꽃 프로젝트를 시작하다! ・ 202
2 나에게로 와서 꽃이 된 AI ・ 208
3 '꽃 검색' 인공지능이 있다고? ・ 212
4 꽃 사진 찍기: 우리 학교는 꽃 사진 맛집 ・ 220
5 '꽃 지도' 만들기: 우리 학교, 우리 마을의 꽃 지도 ・ 228
6 공쌤반 꽃 박람회: 꽃 전문가들의 꽃 발표회 ・ 238
7 인공지능을 통해 시인이 된다고?: 바드를 활용한 시 쓰기 ・ 247
8 공쌤반 시인들의 역습: 우리들의 시 vs 인공지능의 시 ・ 268
9 시화 만들기: 그림과 시가 있는 작품 ・ 277

5장
화가가 되어 보자! ✦ 도슨트 AI 프로젝트

1 잘 그리느냐 못 그리느냐, 그것이 문제일까? ・ 288
2 오토드로우를 활용해 스케치하기 ・ 294
3 추상화 게임하기 ・ 305
4 오토드로우의 원리는 뭘까? ・ 311
5 어떤 과일을 좋아해? ・ 317

6 꿈을 담은 스케치 그리기 · 323
7 보물을 찾으려면 지도를 잘 기억해야 해! · 327
8 웹툰 AI 페인터: 색칠을 도와주는 인공지능 · 334
9 딥러닝: 인공지능의 공부 방법 · 349
10 이 작품은 내 작품인가, 인공지능 작품인가? · 355
11 작가는 도슨트: 작품 전시회 · 372

마지막 선물 ✦ 메타버스 작품 전시회

1 메타버스: 누구나 쉽게 사용할 수 있는 가상 공간의 세계 · 380
2 공쌤의 꿀팁: 메타버스 전시장 활용하기 · 390

나가며 ✦ 최강의 AI 공쌤반 아이들의 '무한 도전' · 393

순서

1) 글을 써 주는 인공지능이 있다고?
2) 랜드마크 조사하기: 오늘은 내가 해외 파견 기자!
3) 동화 작가 되기, Step 1: ChatGPT를 활용해서 초고 써 보기
4) 동화 작가 되기, Step 2: 고쳐쓰기, 이어 쓰기
5) ChatGPT 원리: 사람처럼 배우고 이야기하는 인공지능
6) 그림이 필요해: 인공지능으로 그림 작가 되기
7) e북으로 동화책 출판 편집자 되기
8) 북 콘서트 열기: 꼬마 작가님들의 북토크

사용 프로그램

- 구글 어스(Google Earth)
- 구글 슬라이드(Google Slides)
- 구글 독스(Google Docs)
- ChatGPT
- 구글 번역기
- 미드저니(Midjourney)
- 미드저니 프롬프트 도우미(Midjourney Prompt Helper)
- 북 크리에이터(Book Creator)

1장

동화 작가가 되어 보자!

전 세계 랜드마크 스토리텔링
AI 프로젝트 ①

01

글을 써 주는 인공지능이 있다고?

여기는 첫 번째 AI 프로젝트가 열린 공쌤반 교실. 공쌤이 컴퓨터 화면을 켜고 세계적으로 유명한 랜드마크 사진들을 보여 주었다.

"어때, 얘들아? 사진 보니까 가고 싶은 곳 있니?"
"다 가고 싶어요."

준형이가 신난 듯 제일 먼저 대답했다. 아이들은 웅성거리기도 하고, 어떤 곳은 본 적 있다며 소리치기도 했다. 에너지 넘치는 창훈이가 아는 척하며 랜드마크에 관심을 보였다.

프랑스 파리의 에펠탑	네덜란드 잔세 스칸스의 풍차
미국 뉴욕의 자유의 여신상	인도 아그라의 타지마할
그리스 아테네의 파르테논 신전	영국 런던의 타워 브리지
이탈리아 로마의 콜로세움	호주 시드니의 오페라 하우스

 "와, 엄청 유명한 건축물들이네요. TV에서 본 적 있어요."

 "그래, 저 건축물들을 랜드마크라고 해."

 "랜드마크요?"

아리송한 표정으로 아람이가 물었다.

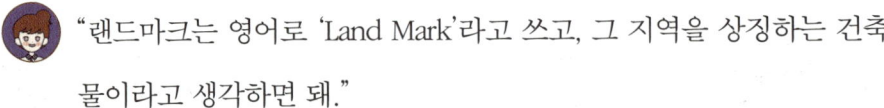 "랜드마크는 영어로 'Land Mark'라고 쓰고, 그 지역을 상징하는 건축물이라고 생각하면 돼."

평소 영어에 관심이 많은 민희가 친절하게 설명해 주었다.

"맞아! 전 세계적으로 유명한 건축물을 뜻하는데, 어떤 도시를 대표하는 이미지라고 생각하면 쉬울 거야. 예를 들어 '프랑스 파리' 하면 어떤 건축물이 떠오르지?"

"에펠탑이요. 저는 밤에 빛나는 에펠탑을 좋아해요."

"그렇지. 파리 하면 에펠탑, 서울 하면 숭례문, 시드니 하면 오페라 하우스처럼 어떤 도시를 대표하는 건축물을 랜드마크라고 한단다."

"선생님, 그런데 랜드마크 사진들을 왜 이렇게 많이 가져오셨어요?"

"너희들이랑 랜드마크에 관한 책을 써 보려고 하거든. 우리 반은 아침 시간에 책과 관련된 활동을 하잖아."

공쌤은 아이들을 보며 씽긋 웃었다.

"아침 독서 말씀하시는 거예요? 아침에는 일어난 지 얼마 안 돼서 그런지 한동안 멍하게 있다가 책을 읽게 돼요."

"재미있는 책을 읽으면 재밌죠. 전 그림책도, 동화책도 다 재밌어요."

"다행이네. 그럼 그런 책들은 누가 쓸까?"

"아마 동화 작가님들이 쓰지 않을까요?"

"그래, 작가님들이 쓰지. 하지만 누구나 쓸 수도 있어. 그래서 말인데, 우리가 동화를 써 보면 어떨까?"

공쌤이 슬슬 오늘부터 할 프로젝트에 대한 이야기를 시작했다.

"예? 우리가요? 에이, 저는 일기 쓰는 것도 싫은데요."

"읽는 건 쉬운데 쓰는 건 어려워요."

아이들은 저마다 글쓰기에 대한 어려움을 털어놓았다.

"맞아, 글을 쓴다는 건 정말 어려운 일이지. 동화책을 수십 권 낸 유명한 작가님들도 인터뷰에서 글 쓰는 건 힘든 일이라고 말씀하셨어."

"그러니까요, 선생님! 작가님들께도 힘든 걸 저희가 어떻게 해요?"

"그래서 선생님이 좀 알아봤지. 요즘엔 글 쓰는 걸 돕는 인공지능이 있더라고. 너희는 어떤 글을 쓰고 싶은지 고민한 뒤 글의 소재를 정해서 인공지능에게 알려 주기만 하면 돼. 그러면 인공지능이 그걸 바탕으로 글을 써 줄 거야."

"와, 그런 게 있다니 신기해요. 그런데 인공지능이 써 주면 저희는 할 게 없을 것 같은데 괜찮아요?"

"오, 좋은 지적이야! 사실은 너희들의 반짝이는 아이디어야말로 인공지능이 글을 쓰게 만드는 힘이 되지. 무작정 '재미있는 글 써 줘.'라고 하는 것보다 글의 소재, 등장인물, 배경, 분량, 독자의 수준을 정해 주는 거야."

공쌤이 칠판에 다음의 단어들을 커다랗게 적었다.

소재, 등장인물, 배경, 분량, 독자

"그러면 우리는 아이디어를 내고 인공지능은 글을 쓰는 거네요?"

"재혁이 생각이 맞아. 그리고 인공지능이 처음 쓴 글을 **초고**라고 해. 그리고 당연히 초고만으로는 글이 완성되지 않아."

공쌤이 초고라는 단어도 칠판에 적었다.

"그럼 제가 마음껏 고칠 수도 있나요?"

"당연하지! 인공지능이 글을 써 주지만 너희들이 등장인물을 추가한다든지 배경이나 사건을 바꾼다든지 하면서 마음껏 고칠 수 있지. 그 과정을 **퇴고**라고 해."

"선생님, 초고를 쓰고 퇴고하기까지 10년이 걸린 책도 있대요."

지원이가 평소에 봤던 작가들의 인터뷰 영상과 기록 들을 떠올리며 말했다.

"맞아, 초고만큼 퇴고도 중요한 작업이거든. 그래서 심혈을 기울이느라 초고 작업보다 퇴고 작업에 시간이 더 오래 걸리는 작가님들도 많단다."

"국어책에서 글을 읽고 뒤에 이어질 이야기를 적는 활동처럼 인공지능이 만든 초고 뒤에 이어서 쓰는 것도 재밌겠다."

"오, 민희야, 좋은 생각인데? 선생님, 상상해서 쓰는 것도 돼요?"

"그럼, 너희들의 동화니까 자신이 상상하고 기대하는 것은 무엇이든 가능하지."

"혼자서 동화를 쓰는 건 자신 없지만, 인공지능이 초고를 써 주고 제가 고치는 거라면 해 볼 수 있을 것 같아요."

창훈이는 인공지능과 함께 글을 쓴다는 말에 조금은 자신감이 생긴 모습이었다.

"선생님, 제가 초고를 쓰고 인공지능에게 퇴고를 맡겨도 괜찮을까요?"

"그것도 좋은 방법이야. 그리고 인공지능에게 퇴고를 맡긴 후 네가 다시 읽어 보고 고쳐 쓰는 것도 꼭 해 보렴."

"네, 선생님!"

평소 책 읽기와 글쓰기를 좋아하는 아이들은 직접 이야기를 만들고 싶어 했다. 그래서 공쌤은 그것도 좋은 방법이라고 칭찬하며 인공지능에게 퇴고를 맡기는 것 역시 괜찮다고 알려 주었다.

02

랜드마크 조사하기
오늘은 내가 해외 파견 기자!

 "이제 마음가짐은 충분한 것 같으니 머리도 준비해 볼까?"
 "아, 드디어 프로젝트를 시작하는 건가요?"

준형이가 기대되는지 상기된 표정으로 물었다.

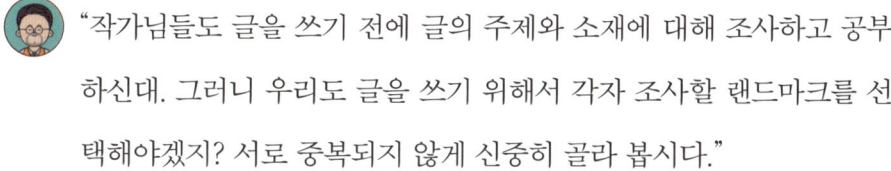 "작가님들도 글을 쓰기 전에 글의 주제와 소재에 대해 조사하고 공부하신대. 그러니 우리도 글을 쓰기 위해서 각자 조사할 랜드마크를 선택해야겠지? 서로 중복되지 않게 신중히 골라 봅시다."

아이들은 서로 하고 싶은 곳을 얘기하며 각자 하나씩 고르기 시작했다.

"다 골랐지? 이제 우리는 해외 파견 기자가 되어 각자 고른 랜드마크에 대해 사전 조사를 할 거야."

"뉴스에서 보면 해외로 직접 가서 취재하던데, 저희도 그러고 싶어요."

"그게 말이 되냐? 지금 어떻게 비행기를 타? 비행기 타러 가다가 수업 시간 끝나겠다."

"왜 못 가? 갈 수 있어. 그것도 몇 분 만에 슝 하고 날아갈 수 있는걸?"

공쌤이 세계 지도를 보여 주며 비행기 타는 시늉을 했다.

"진짜요? 말도 안 돼!"

"안녕하십니까, 기자 여러분. 저는 공쌤반 방송국 국장입니다. 지금부터 해외 각지로 파견할 기자를 뽑고자 합니다. 기자가 되려면 우선 다른 나라로 가는 방법을 알아야 합니다. 방법을 잘 터득한 기자님에게는 해외로 갈 수 있는 자격이 주어지니 지금부터 설명을 잘 들어 주시기 바랍니다."

공쌤이 갑자기 엄숙한 말과 태도로 아이들을 대하기 시작했다.

"준형 기자님은 동료 기자들에게 컴퓨터를 나눠 주세요."

"네, 선…… 아니, 국장님!"

준형이가 센스 있게 국장님으로 호칭을 바꿔 대답했다.

"먼저 인터넷 브라우저를 켜고 '구글 어스'를 검색합니다. 그리고 '어스 실행'이라는 버튼을 누른 후, 돋보기 모양을 클릭해서 '프랑스 파리 에펠탑'이라고 입력해 보겠습니다. 그리고 컴퓨터 화면을 잘 봐 주세요. 어떻게 바뀌는지 잘 보셔야 합니다."

아이들은 무슨 일이 일어나는지 한껏 기대하며 진짜 기자가 된 것처럼 진지하게 화면을 쳐다보았다.

공쌤의 꿀팁!

구글 어스Google Earth는 '세계에서 가장 정교한 지구본'이라 불리는 지도 프로그램으로, 전 세계의 모습을 위성 사진으로 볼 수 있습니다. 인터넷 브라우저를 통해 바로 접속할 수 있고, 스마트폰이나 태블릿 PC에서 애플리케이션을 다운로드받아도 사용 가능합니다.

구글 어스를 이용하면 편하게 전 세계를 탐험할 수 있습니다. 다만, 대부분 나라들의 군사 시설들은 흐리게 보이는 저해상도 사진으로 되어 있어서 실제 구조물은 보이지 않습니다. 타임랩스 기능도 있어서 1984년부터 지금까지 약 40년간의 위성 사진을 통해 도시의 발전상을 한눈에 볼 수 있습니다.

"와! 우주로 날아가서 지구본을 돌리는 느낌이에요."
"진짜 비행기를 타고 스페인으로 날아가는 것 같아요."

컴퓨터 화면은 우주 속 지구를 비췄다. 커서로 지구를 좌우로 돌리다 스페인에서 멈췄다. 그리고 바르셀로나를 찾은 뒤 사그라다 파밀리아 대성당을 비추기 시작하자 신이 난 아이들이 여기저기서 소리 질렀다.

"자, 어디든 날아갈 수 있겠죠? 이것뿐만 아니라 화면 오른쪽 밑에 보면 사람 모양이 있어요. 이걸 누르면 주변 도로들이 파란색으로 표시됩니다. 파란색이 표시된 곳 어디든 클릭하면 그곳에 실제로 서서 보는 것처럼 주변 풍경을 볼 수 있어요."

🧑 "지금 사그라다 파밀리아 성당 바로 앞에 있는 것 같습니다, 국장님."

자리에 서 있던 창훈이가 높이 솟은 사그라다 파밀리아 성당을 눈앞에서 쳐다보는 것마냥 이야기했다.

👨 "어때요, 기자님들? 각자 자기가 직접 고른 해외 랜드마크에 대한 조사를 시작할 수 있나요?"

👦 "네, 국장님, 지금 당장 하고 싶어요."

👨 "그럼 기자 여러분들 모두 완벽하게 방법을 이해하셨으니 지금부터 10분 동안 해외 출장을 보내드리겠습니다. 출장을 가셔서 자료 조사도 충분히 해 주시기 바랍니다. 다녀오세요!"

아이들은 구글 어스를 통해 전 세계로 흩어져 자신이 정한 랜드마크를 방문했고, 주변 공원이나 다른 건물들을 찾아 돌아다녔다. 그리고 다른 기자 친구들의 랜드마크에도 가 보는 등 다양한 활동을 했다.

"어느 정도 둘러보았죠? 이제 랜드마크에 관한 조사도 중요하니까 인터넷 백과사전, 뉴스, 이미지, 동영상 등을 이용해 자료를 모은 뒤 필요한 내용을 요약해서 기사를 완성하기 바랍니다."

"국장님, 어디에 기사를 적으면 되나요?"

"기자님들은 구글 슬라이드에서 자료를 모으고 요약하면 됩니다. 구글 슬라이드에서는 많은 자료를 동시에 작업할 수도 있습니다. 그리고 집으로 돌아간 후에는 스마트폰으로 자료를 추가하거나 수정할 수 있습니다."

팁박스

1. 구글 슬라이드 Google Slides 란?

구글 프레젠테이션이라고도 한다. 구글 계정을 가지고 있으면 누구든 편리하게 사용 가능하다. 구글 슬라이드 문서의 공유 링크를 만들어 다른 사람에게 공유하면 시간과 장소에 상관없이 하나의 문서를 여러 명이 동시에 편집할 수 있다.

2. 공유하는 법

1) 인터넷 브라우저에서 구글 슬라이드 또는 slides.gooogle.com을 입력한다.

2) 구글 계정으로 로그인하면 문서 작성 틀로 이동한다.

3) 문서의 제목을 정한다.

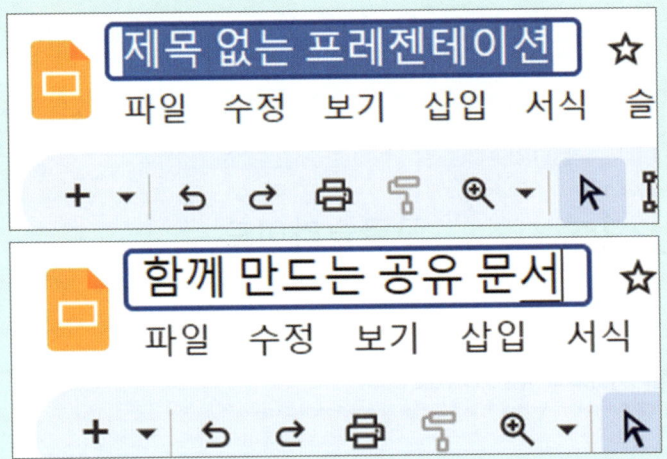

4) 공유 링크를 눌러 '일반 액세스' 설정을 '링크가 있는 모든 사용자'로 바꾸고, 역할을 '뷰어'에서 '편집자'로 바꾼다.

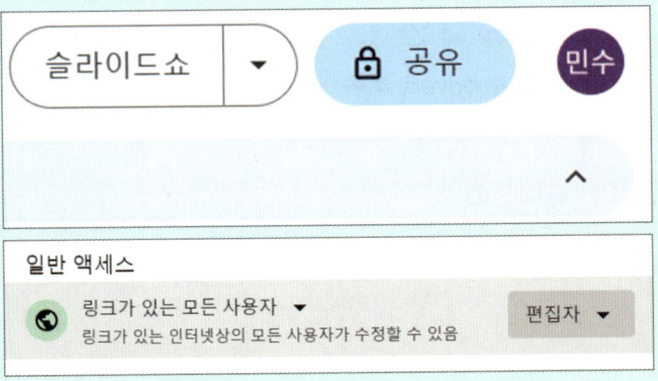

① '링크 복사'를 눌러 공유할 문서의 링크를 저장한다.

② 공유할 사람들에게 링크를 보낸다.

3. 구글 슬라이드 사용법

1) 글쓰기

- 쓰고자 하는 내용을 바로 입력할 수 있다.

2) 사진 검색하여 올리기

- 필요한 사진을 웹에서 검색하여 바로 삽입할 수 있다.

3) 영상 검색하여 올리기

- 컴퓨터에 저장된 동영상 자료뿐만 아니라 유튜브 영상 자료를 링크로 저장할 수 있다. 썸네일(대표 화면)이 자동 저장된다.

"저랑 짝꿍이랑 같은 문서에 입력하는 건가요?"

"맞습니다, 지원 기자님. 구글 슬라이드는 글을 바로 올릴 수 있고, 동료 기자들이 올려 둔 자료를 참고해서 수정할 수도 있어서 좋습니다."

"국장님, 랜드마크와 관련된 영상을 찾았는데 넣어도 되나요?"

"그럼요, 창훈 기자님. 유튜브 주소 링크를 넣으면 영상 파일을 통째로 올리지 않아도 링크된 영상을 볼 수 있습니다."

1. 구글 슬라이드에서 '삽입-동영상'을 누른다.

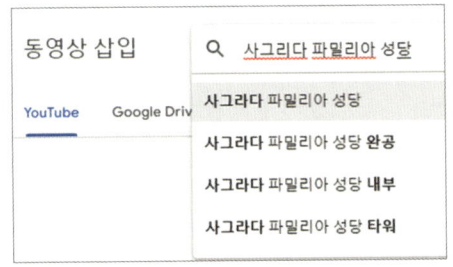

2. '동영상 삽입-유튜브-검색창'에 원하는 영상 검색어를 입력한다.

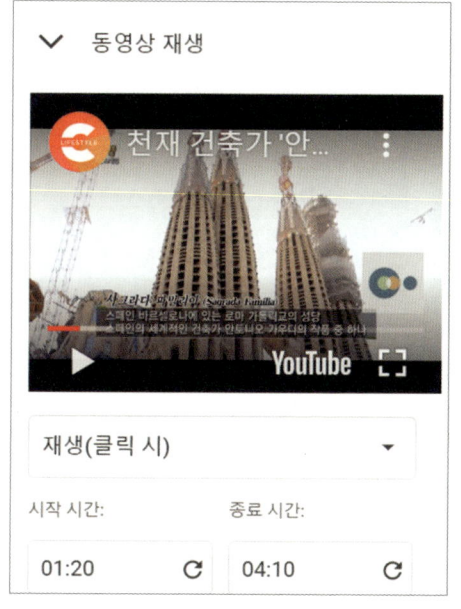

3. 전체 영상 중 보여 주고 싶은 영상만 시간으로 정해서 보여 줄 수 있다.

삽입-동영상-유튜브 검색-영상 선택-삽입-시작 시간과 종료 시간 선택

공쌤은 화면으로 영상 넣는 방법을 보여 준 뒤 아이들에게 랜드마크와 관련된 설명 영상을 하나씩 넣도록 했다.

 "기자님들, 영상을 넣을 때는 관련 내용을 세 문장 정도로 요약해서 문서에도 넣어 주세요."

 "국장님, 영상과 사진을 바로 찾아 넣을 수 있어서 너무 좋습니다."

15 사그라다 파밀리아   조사자: 김OO

사그라다 파밀리아는 스페인 바르셀로나에서 짓고 있는 안토니오 가우디가 지었던 대성당이며 아직 건물이 완전히 지어지지 않았음에도 내부,외부가 모두 멋진 곳이다.
사그라다 파밀리아는 로마 가톨릭 성당이여 2010년에 교황 베네딕토 16세가 대성당으로 이 자리에 오른 것을 선포하였다.
그리고, 사그라다 파밀리아에 유네스코 세계 유산으로 등록 되었다.
또한 후대가적으로 보이는 것은 첨탑인데 그 이유가기도 있는데 이것도 종교적인 이유가 있다.바로 십이사도는 12제자를 예수 그리스도의 복음을 알리기 위해 붙인 12명의 제자라이다. 그런데 첨탑이 8개인 이유는 아직 완전히 공사가 끝나지 않았기 때문이다.

1882부터 공사를 시작한 이래 141년이 지난 지금도 계속 건축 중이다. 일단 공식적으로 가우디 사망 100주기인 2026년도에 공사를 완료할 예정이다.

사그라다 파밀리아 조사 내용

콜로세움   조사자: 김OO

- 콜로세움에서 열린 구경거리 중 하나는 검투사 전투였다.
- 전사들이 죽을 때까지 혹은 한 명이 항복할 때까지 싸우는 것이었다. 또 다른 인기있는 경기는 맹수 사냥이었다. 이것은 사자, 호랑이, 코끼리와 같은 동물들을 풀어놓고 훈련된 사냥꾼과 맹수의 싸움을 붙이는 것이다. 기독교를 믿는 사람들을 죽이는 장소로도 이용되었다. 오늘날에는 잔인하게 느껴지기도 하지만 고대 로마 시대 사람들은 경기를 즐기는 하나의 공공 오락 시설로 이용되었다.
- 굳건하게 서있던 콜로세움은 중세 때 여러 차례 지진으로 점점 파괴되기 시작했다. 무너져내린 돌들은 건축자재로 다른 곳에 사용되었고, 돌과 돌 사이를 연결하는 쇠물을 빼기 위해 건물 곳곳에 구멍을 뚫기도 했다.
- 콜로세움은 수많은 세월이 흐른 지금도 굳건히 서 있는 거 같지만, 오늘날까지 남아있는 것은 원래 모습에 3분의 1도 되지 않는다.

콜로세움 조사 내용

테이블 마운틴   조사자: 이OO

테이블 마운틴은 미국의 탐험가 지미 엔젤이 비행기 고장으로 테이블 마운틴 정상에 착륙하면서 그 모습을 드러냈다. 특히 남아메리카 북부 쪽에 있는 나라 베네수엘라의 볼리바르주에 있는 테이블 마운틴은 영화 쥬라기 공원의 배경이 되기도 했다.

테이블 마운틴 조사 내용

오페라 하우스   조사자: 명OO

영상요약
1957년 '독립적 건립 위원회'에 오페라 하우스 설계 공개 모집을 맡았고 덴마크 건축가 요른 웃손이 오페라 하우스를 공사하는데 18년이 걸려 1975년에 완공되었다. 비용은 우리 돈으로 약 1000억이다. 현대 건축물로는 아주 드물게 유네스코 문화 유산으로 선정되었다.

오페라 하우스 조사 내용

36   최강의 AI 공쌤반 아이들

아이들은 백과사전에서 찾은 내용을 자신이 이해한 말로 고쳐서 적었다. 그리고 참고가 되는 사진과 영상을 찾아서 넣고, 사진에 대한 설명과 영상에 관한 내용을 요약하여 기사를 작성했다.

- "기자님들, 조사하느라 고생이 많았어요. 조금 더 조사하고 싶다면 집에 가서 추가할 수 있습니다. 문서 링크는 공쌤반 구글 클래스룸에 공유해 놓겠습니다. 그러니 언제든 접속해서 수정하면 됩니다."
- "국장님, 다른 기자들의 기사는 건드리지 않도록 조심해야 되는 거죠?"
- "그렇습니다, 민희 기자님. 주의 사항을 말해 주셔서 감사합니다. 다른 기자님들도 자신이 작성한 것 외의 기사들이 없어지지 않도록 주의해서 수정하기 바랍니다."

공쌤은 마지막으로 작성한 기사들을 고쳐 쓰는 방법을 알려 주었다. 그리고 다른 기사들이 수정되지 않게 조심하라고 당부하며 해외 파견 기자들을 해산시켰다.

03

동화 작가 되기, Step 1
ChatGPT를 활용해서 초고 써 보기

🧑‍🏫 "기자 역할을 해 봤으니 너희들 머릿속에 랜드마크에 대한 기본적인 지식들이 어느 정도 자리 잡고 있을 거야. 어떤 부분들은 선생님보다 더 많이 알고 있을 테지."

👧 "맞아요. 원래는 사그라다 파밀리아가 무엇인지, 어디에 있는지도 몰랐는데 어느새 동생들한테 설명해 주고 있더라고요."

아이들은 고개를 끄덕이며 아람이의 말에 동의했다. 그러면서 각자의 랜드마크에 대해 아는 것이 많아졌다고 이야기했다.

🧑‍🏫 "그럼 이제 본격적으로 동화책을 써 보려고 해. 몇몇 친구들을 뺀 많

은 친구들은 글쓰기가 힘들고 어렵다고 했잖아? 그래서 선생님이 동화를 대신 써 주는 인공지능을 소개할까 해."

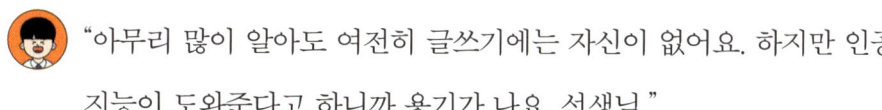 "아무리 많이 알아도 여전히 글쓰기에는 자신이 없어요. 하지만 인공지능이 도와준다고 하니까 용기가 나요. 선생님."

지원이가 손을 가슴에 얹고 말했다.

"용기가 난다니 다행이구나. 이 인공지능의 사용자 이용 약관에는 초등학생이 직접 쓸 수 없다고 적혀 있단다. 인공지능에게 어떤 질문을 했을 때 어린이들이 아직은 접하면 안 되는 내용으로 대답할 수 있기 때문이지. 그래서 어린이들이 직접 사용하는 것을 금지하고 있어. 그런 이유로 선생님이 너희들이 쓰고 싶은 글과 관련된 질문을 받으려고 해. 참고로 그런 질문들을 **명령어**라고 한단다. 그리고 그 명령어들을 인공지능에게 물어본 뒤 답변을 받아서 너희들에게 알려 주는 방식으로 진행할 거야."

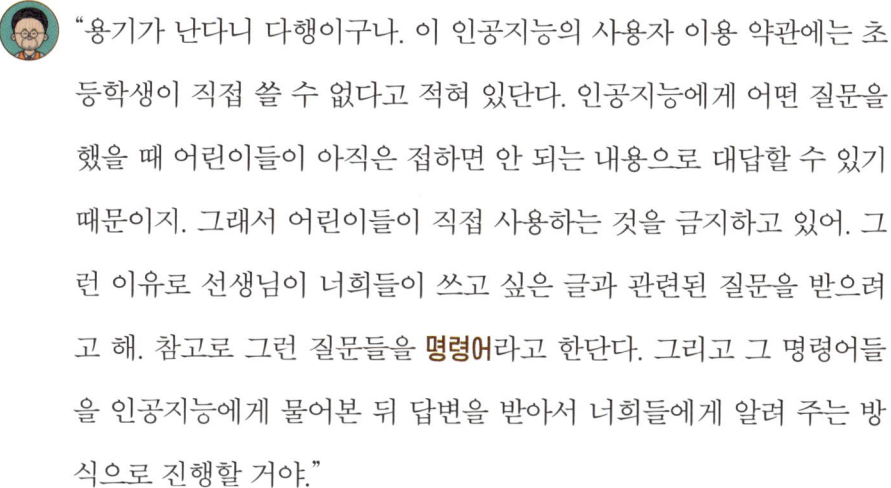

"그러면 선생님한테 물어보는 것과 비슷하잖아요."
"선생님이 글을 써 주는 게 아니라 명령어만 대신 전달해 주는 거라서 차이가 있어 보이는데?"
"그렇지, 민희 말이 맞아. 선생님은 너희들이 바라는 동화를 대신 써 줄 수 없어. 그래서 인공지능이 주는 답변을 확인하고, 문제가 될 만한 내용은 없는지 검토만 한 뒤 너희들에게 알려 주려고 해. 그 정도는 이해해 줄 수 있지?"

 "네, 선생님!"

아이들이 웃으며 괜찮다고 일제히 대답했다.

"제가 명령하면 자동으로 글을 만들어 준다는 게 제일 신기해요."
"바로 그것을 **생성형 인공지능**이라고 해."
"생성형 인공지능이요?"
"우리가 사용할 'ChatGPT'는 사람이 쓰는 언어를 기반으로 한 생성형 인공지능으로, 인터넷상에 있는 대량의 언어 문서를 학습했어. 사람들이 쓰는 언어와 대화 패턴을 공부한 거지."
"그러면 친구와 대화하듯 얘기할 수 있어요?"
"그래, ChatGPT와 묻고 대답하는 형식으로 진행한단다. 우리가 하는 질문이나 요청에 따라 대답해 주는데, 사람처럼 새로운 글을 만들어 내지. 물론 정보 검색도 가능해."
"처음부터 끝까지 인공지능이 글을 다 써 주면 우리는 뭘 해야 해요?"

지원이가 호기심 가득한 눈으로 공쌤을 쳐다봤다.

"ChatGPT가 아무리 뛰어난 글쓰기 실력을 가지고 있다고 해도 대화 한 번 만에 네 마음에 쏙 들 만큼 완벽한 글을 만들어 낼 수는 없어. 계속해서 관련된 질문을 던져 네가 원하는 방향의 글을 쓰도록 명령해야 해."

"그러면 명령을 잘 해야겠네요?"

"그렇지! 그래서 명령어를 잘 입력하는 게 제일 중요해. 그 명령어를 **프롬프트**라고 하지. 그러기 위해서는 우리도 그 내용에 대해 잘 알고 있어야 해."

"아, 그래서 선생님이 지난 시간에 우리에게 기자가 돼서 랜드마크에 대해 조사하라고 하신 거군요?"

"역시 똑똑한 민희가 선생님의 생각을 잘 파악했네. 이제 선생님이 공유한 구글 독스에 자신이 선택한 랜드마크의 동화를 ChatGPT에게 만들어 달라고 요청하는 질문들을 올려 보자. 선생님이 대신 물어보고 적절한 답변이 오면 여러분의 문서에 올려 줄게."

아이들은 아래의 질문들을 응용해서 ChatGPT에게 동화를 만들어 달라고 요청했다.

랜드마크	첫 번째 질문 내용
에펠탑	프랑스 파리에 있는 에펠탑으로 동화를 만들어 주세요.
콜로세움	이탈리아 로마에 있는 콜로세움에 대한 이야기를 들려주세요.
테이블 마운틴	테이블 마운틴에 관련된 동화를 만들어 줘.
심포니 오브 라이트	심포니 오브 라이트에 관한 동화를 만들어 줘.
모아이 석상	이스터섬의 모아이 석상에 대한 재미있는 동화를 만들어 주세요.
사그라다 파밀리아	

사그라다 파밀리아에 관한 동화를 만들어 주세요.

옛날 옛적, 바르셀로나의 심장부에는 하늘에 닿는 웅장한 성당이 있었습니다. 그 성당은 사그라다 파밀리아Sagrada Familia로, 세계의 다른 성당과 달랐습니다. 성당은 마법 같았고, 전설에 따르면 요정과 마법사 들이 자신의 힘을 불어넣어 지었다고 합니다. 오래전 바르셀로나는 사악한 마법사에 의해 끔찍한 저주에 걸렸습니다. 마법사는 건물이 무너지고 사회가 부패하여 사람들을 절망에 빠뜨리는 내용의 주문을 걸었습니다.

그러나 바르셀로나의 요정과 마법사 들은 사악한 마법사가 도시를 파괴하도록 내버려 두지 않기로 했습니다. 그래서 저주를 풀고 도시를 영원히 보호할 수 있을 만큼 아름답고 마법 같은 성당을 짓기로 결정했습니다.

시간이 흐르면서 저주는 사라지기 시작했고, 바르셀로나는 구원을 받았습니다. 그러나 요정과 마법사 들은 마법 같은 성당 만드는 일을 멈추지 않았습니다. 그들은 계속해서 사그라다 파밀리아에 이런저런 축복을 추가했습니다. 그렇게 사그라다 파밀리아는 해가 갈수록 더욱 아름답고 마법 같은 건물이 되어 갔습니다.

바르셀로나 사람들은 성당의 마법 같은 아름다움을 감상하기 위해 찾아올 것입니다. 그들은 도시 전체에 울리는 종소리에 귀를 기울이고 공중의 마법을 느낄 것입니다. 그리고 그들이 사그라다 파밀리아의 마법에 의해 안전하게 보호받고 있다고 믿게 될 것입니다.

전설에 따르면 요정과 마법사 들은 여전히 성당에서 일하고 있으며, 새로운 기능을 추가하고 있습니다. 그리고 바르셀로나 사람들은 사그라다 파밀리아가 있는 한 항상 마법으로 보호받는다고 확신하고 있습니다.

"여러분의 동화 제작 요청이 들어간 질문을 ChatGPT에 넣었더니 꽤 재미있는 이야기들이 만들어졌더라고. 자, 어때?"

"1분 만에 동화가 한 편 뚝딱 만들어지다니, 엄청 신기해요."

아이들은 단순한 질문 하나에도 동화가 만들어진다는 점에 관심을 기울였고, 인공지능이 내놓은 답변을 보며 흥미로워했다.

"저는 조금 아쉬워요. 등장인물을 더 넣고 싶고, 재미있는 사건이 더 들어갔으면 좋겠어요."

"좋은 생각이야. 그러면 한 번으로 끝내지 말고 여러분이 원하는 등장인물, 배경, 사건들을 더 넣어 달라고 명령어를 만들어서 계속 질문해 볼까?"

"선생님, 저는 인공지능한테 제가 조사한 내용을 가르쳐 주고 싶어요."

"재혁이가 새로운 방법을 알려 준 것 같아요. 저도 제가 조사한 것들을 알려 줄래요."

"생성형 인공지능은 자신이 학습한 내용뿐만 아니라 대화를 통해 사용자가 알려 준 정보도 학습하도록 되어 있어. 그리고 이전에 배운 내용과 대화를 통해 알게 된 내용을 조합하여 새로운 대답을 할 수도 있지."

구분	랜드마크	추가할 수 있는 질문들 예시
1. 콜로세움	첫 질문	이탈리아 로마에 있는 콜로세움에 대한 이야기를 들려주세요.
	역사적인 사건 묻기	• 콜로세움에서 일어난 역사적인 사건을 들려주세요.
2. 에펠탑	첫 질문	프랑스 파리에 있는 에펠탑으로 동화를 만들어 주세요.
	등장인물 추가하기	• 등장인물에 도깨비를 넣어서 다시 만들어 주세요.
3. 테이블 마운틴	첫 질문	테이블 마운틴에 관련된 동화를 만들어 줘.
	사건 추가하기	• 마법사가 등장해 소년을 토끼로 만드는 사건을 추가해 주세요.
4. 심포니 오브 라이트	첫 질문	심포니 오브 라이트에 관한 동화를 만들어 줘.
	배경 지식 추가하기	• 심포니 오브 라이트Symphony of Lights는 매일 밤 8시에 홍콩 빅토리아항 고층 건물들 사이로 펼쳐지는 음악과 레이저 쇼 공연입니다. 이것을 바탕으로 동화를 만들어 주세요.
5. 사그라다 파밀리아	첫 질문	사그라다 파밀리아에 관한 동화를 만들어 주세요.
	역사적인 사실이 포함된 줄거리 추가하기	• 아래의 줄거리가 포함된 내용으로 동화를 다시 만들어 줘. 사그라다 파밀리아는 바르셀로나에 있는 마법의 성당이야. 오크와 마법사의 전쟁에서 오크들에 의해 성당이 파괴되었어. 안토니오 가우디는 예언자의 후손이야. 그 사람은 사그라다 파밀리아 성당을 다시 짓는 일에 평생을 바쳤어. 하지만 살아 있을 때 12개의 첨탑 중 8개만 완성할 수 있었어. 죽으면서 친구에게 나머지를 완성해 달라고 부탁했지. 그 이후 친구가 성당을 완성해서 가우디의 꿈을 이뤄 주었어.

옛날 옛적에 매혹적인 도시 바르셀로나에 사그라다 파밀리아로 알려진 웅장한 성당이 있었습니다. 이 특별한 장소는 그 자체로 마법을 가지고 있었지만, 혼란과 도전이 없던 것은 아닙니다.

오래전, 고귀한 마법사들과 잔인한 오크들 사이에 치열한 전쟁이 벌어졌습니다. 전투의 혼돈 속에서 사그라다 파밀리아는 오크 무리의 파괴적인 힘에 희생되었습니다. 한때 웅장했던 대성당은 무너지고 탑은 돌무더기가 되어 역사 속으로 사라졌습니다.

그러나 사그라다 파밀리아의 유산은 안토니오 가우디라는 사람의 마음속에 살아 있었습니다. 안토니오는 어둠을 초월하는 아름다움과 예술의 힘에 대한 확고한 믿음을 가진 예언자의 후손이었습니다. 그는 사그라다 파밀리아의 복원과 부활에 자신의 삶을 바쳤습니다. 그리고 사그라다 파밀리아를 재건하여 마법 같은 존재를 회복시키겠다고 맹세했습니다.

밤낮을 가리지 않고 안토니오는 지칠 줄 모르는 열정과 기술을 대성당 재건에 쏟아부었습니다. 벽을 재건하고 하늘의 경이로움을 반영하는 복잡한 디자인을 조각했습니다. 그는 사그라다 파밀리아가 단순한 물리적 구조물이 아니라 '희망과 화합의 상징'이자 '고난 극복의 본보기'라고 이해했습니다.

안토니오는 자신의 마음과 영혼을 프로젝트에 쏟았지만 시간이 제한적이라는 점을 알고 있었습니다. 삶의 여정이 거의 끝나갈 무렵, 그는 12개의 첨탑 중 8개를 완성했습니다. 각각 하늘을 향해 뻗어 있는 첨탑은 사그라다 파밀리아에 대한 안토니오의 헌신과 사랑의 증표였습니다.

마지막 숨을 거두기 전, 안토니오는 가장 친한 친구이자 장인이며 대성당의 마법을 믿는 동료에게 향했습니다. 그리고 그들이 함께한 약속을 이행해 줄 것을 간청했습니다. 안토니오의 친구는 눈물 어린 눈으로 사랑하는 동료의 유산을 기리고 공동의 꿈인 사그라다 파밀리아의 재건을 완수하겠다고 다짐했습니다.

안토니오의 비전과 청사진에 따라 친구는 작업을 계속했고, 미완성 첨탑에 자신의 장인 정신과 변함없는 헌신을 쏟아부었습니다. 대성당은 영광을 예견했던 고대 예언자들과 안토니오의 정신이 주입된 것처럼 친구의 노련한 손 아래에서 살아나는 것 같았습니다.

수십 년이 흘렀고, 파괴의 잿더미에서 사그라다 파밀리아는 다시 태어났습니다. 친구는 나머지 첨탑을 세심하게 세웠습니다. 그렇게 완성된 각각의 첨탑은 안토니오의 비전과 깨지지 않는 유대에 대한 증거입니다.

마침내 사그라다 파밀리아가 다시 한번 찬란한 아름다움과 희망과 승리의 횃불로 우뚝 서는 날이 왔습니다. 대성당의 완공 소식은 바르셀로나와 그 주변으로 들불처럼 퍼졌습니다. 사람들은 기적을 목격하기 위해 몰려들었고, 흔들리지 않는 결의와 우정의 증거에 감탄했습니다. 사그라다 파밀리아는 회복력의 상징이 되었으며, 어둠과 황폐함 속에서도 꿈은 재건되고 실현될 수 있음을 일깨워 주었습니다.

안토니오 가우디의 비전에 따라 그의 충실한 친구가 완성한 사그라다 파밀리아의 이야기와 전쟁과 파괴를 관통한 헌신의 여정은 시대를 초월한 전설이 되었습니다. 대성당은 인류가 가진 불굴의 정신에 대한 증거로 서 있으며, 그것을 본 모든 사람에게 인내와 우정, 마음속에 있는 마법의 변화하는 힘을 상기시켰습니다.

"선생님, 제가 필요한 내용을 더 넣어서 요청하니까 인공지능도 처음 알려 준 것과 조금씩 다르게 바꿔서 알려 주네요."

"아람이는 관찰력이 좋구나. 글을 읽고 비교하기 시작하다니, 대단한 발전이야."

추가 질문들을 통해 동화가 어떻게 바뀌는지 확인한 아이들은 자신의 이야기도 고치고 싶다는 생각을 했다. 평소 글 읽기를 좋아하지 않는 아이들에게 놀라운 변화들이 나타났다.

"그럼 더 완성도 높은 동화를 쓰기 위해 어떤 것을 추가로 명령할 수 있을지 생각해 보자."

"동화 작가님들은 동화를 읽는 독자의 나이를 생각해서 쓰시니까, 그런 부분을 추가로 넣으면 좋을 것 같아요."

"좋은 지적이야. 독자층의 나이를 설정해 주면 그에 맞게끔 글을 써 준단다. '초등학교 5학년 수준에 맞는 이야기로 고쳐 줘.'라고 하거나 '이 동화의 독자는 다섯 살이야. 다섯 살 아이가 이해할 수 있는 단어로 바꿔 줘.'라고 하면 그 수준에 맞게 글을 고치려고 노력하지."

"내용의 양도 정해 주면 좋을 것 같아요."

"맞아! 동화의 길이를 정해 주면 그에 맞춰 내용의 양을 조정해 주지. 그러니까 단어나 문장의 개수, 글자의 개수를 정해 주는 것도 좋아. 예를 들어 '이 동화를 100개의 문장으로 만들어 줘.' 또는 '총 5장으로 된 동화로 만들어 줘.'처럼 동화의 분량을 정해 주는 거지."

아이들은 조금 더 재미있는 동화를 만들기 위해 저마다 추가 명령어를 고민하고 입력했다. 개중에는 친구들의 명령어를 물어서 따라 적기도 하고 섞어서 써 보기도 했다.

"선생님, 제 동화는 이솝 우화처럼 교훈을 넣어서 만들고 싶은데 뭐라고 명령어를 넣어야 할까요?"

"지원아, 방금 한 이야기를 구체적으로 적어 보면 어떨까? 어떤 내용을 넣으면 좋겠니?"

"저는 도깨비가 처음에는 사람들을 괴롭혔지만 착한 소년과 소녀를 만나서 착하게 바뀌는 이야기가 좋아요. 그래서 저주가 풀린 도깨비가 사람이 되는 거예요."

"인공지능이 만들어 준 내용에 덧붙여서 '이런 줄거리를 넣어서 다시 만들어 줘.'라고 요청하면 기존 내용과 네가 말한 줄거리를 합쳐서 써 줄 거야."

지원이는 한참을 고민하더니 다음과 같은 명령어를 추가로 입력했다.

잘했어. 이 동화에 이솝 우화처럼 '나쁜 사람은 벌을 받고, 착한 사람은 복을 받는다.'는 교훈을 넣어서 바꿔 줘. [귀스타브는 도깨비, 피에르는 열 살 소년, 아밀리에는 열한 살 소녀야. 그리고 귀스타브는 나쁜 도깨비라서 사람들을 괴롭혔어. 그러다 피에르와 아밀리에를 만나 함께 지내는 동안 그들의 착한 마음씨에 감동해서 착한 도깨비가 되기로 했지. 그랬더니 저주가 풀려 사람으로 변했다.]는 내용이 추가되면 좋겠어.

그러자 ChatGPT는 기존의 이야기에 도깨비가 착해지는 과정을 추가했다.

"와, 귀스타브 도깨비가 피에르와 아밀리에를 계속 괴롭히다가 그들이 계속 친절하게 대해 주자 감동해서 착한 도깨비가 되었다는 내용으로 바뀌었어요."

"그 이후에 어떻게 됐어? 진짜로 사람이 됐어?"

"응, 순수한 마음씨를 가진 사람이 됐어."
"착한 사람이 돼서 무슨 일을 했는지 네가 추가로 쓰면 되겠다."

아이들은 자신들의 명령어를 서로 공유하면서 동화가 어떻게 바뀌었는지 알려 주었다.

"선생님, 저는 이야기가 너무 뻔해서 위기 상황을 넣고 싶었어요. 그래서 숲으로 도망치는 내용이랑 외부인을 싫어하는 숲의 주인인 나무꾼, 위기 상황을 극복하는 데 필요한 마법의 나침반을 인공지능에게 알려 줬어요."
"인공지능이 어떻게 연결해 줬니?"
"'나쁜 요정을 피해 숲으로 도망쳤는데, 외부인을 싫어하는 숲의 주인을 만나는 바람에 나쁜 요정에게 걸릴 뻔했어요. 그런데 숲의 주인이 주인공의 목에 걸려 있던 마법의 나침반을 본 거예요. 그 나침반은 숲의 주인이 친구에게 준 선물이었거든요. 그래서 주인공을 숨겨 줬어요.'라고 바뀌며 이야기가 흥미진진해졌어요."

아람이는 자신의 이야기가 훨씬 재미있게 바뀌었다며 좋아했다.

"자, 그럼 이제 초고를 완성했으니 다음 단계로 넘어가 보자."

04

동화 작가 되기, Step 2
고쳐쓰기, 이어 쓰기

"이제 다들 초고가 완성이 되었으니 퇴고를 해 볼까?"

"퇴고가 뭐예요?"

"처음 쓴 글을 더 좋은 글로 만들기 위해서 다듬고 고치는 거야."

"맞춤법이 틀린 것을 찾는 건가요?"

지원이가 머리를 긁적거리며 물었다.

"물론 맞춤법이 틀린 문장들도 찾아야 해. 우리는 ChatGPT를 활용해 맞춤법이 틀린 곳은 없는지 확인할 수 있어. 그 외에도 문장의 호응이 맞는지, 문장의 길이가 너무 긴 건 아닌지 확인해야 해."

"국어 시간에 글을 쓰고 나서 내용과 표현이 알맞도록 다시 쓰는 것을 '고쳐쓰기'라고 배웠어요."

"맞아, 재혁이가 잘 기억하고 있구나. 군더더기 없는 글을 쓰면 작가의 생각을 잘 전달할 수 있어. 그리고 필요한 내용을 적절하게 보충하면 내용이 더 풍부해지고 독자들도 이해하기 쉬운 동화가 되지."

"선생님, 제목도 적절하게 지어야 할 것 같아요."

아람이가 재빨리 손을 들고 말했다.

"그렇지. 왜냐하면 독자들은 보통 동화의 제목을 보고 책을 선택하거든. 자기가 쓴 동화의 줄거리와 잘 어울리는 제목을 짓는 것 역시 퇴고(고쳐쓰기) 단계에서 중요한 일이지."

"정말 글쓰기는 초고보다 퇴고가 더 중요하게 느껴지네요. 그래도 인공지능이 다 찾아 줘서 쉽지 않을까요?"

"우리가 쓰는 인공지능은 문장의 흐름이나 이야기의 배경 등을 놓칠 수 있어. 그러니까 이야기의 내용에 담긴 정보를 확인하거나 실제 사실과 대조해 봐야 해. 아무리 동화라도 실제에 바탕한 이야기가 독자들의 흥미를 더 불러일으키거든."

공쌤은 아이들과의 대화를 통해 고쳐쓰기 단계의 중요성과 방법에 대해 이야기했다. 아이들은 점차 어떤 것들을 해야 하는지 이해하게 되었다.

"예를 들어 문장의 흐름이 이상하다거나 등장인물이나 배경에 대한 설명이 잘못된 것들을 찾아서 고치는 거지."

"선생님, 인공지능이 만들어 준 내용이 짧아서 그러는데, 더 길게 써도 되나요?"

"당연하지, 준형아! 그걸 '이어 쓰기'라고 해. 국어 시간에 본문을 읽고 뒤에 이어질 장면을 상상해서 써 보는 활동을 하잖아. 바로 그렇게 하면 된단다."

"선생님, '아침에 우유와 크림빵을 맛있게 먹은 범수가 있었습니다.'라고 하면서 시작했던 게임이 생각나요!"

"제가 그 뒤에 이어지는 문장을 만들었어요. '1교시부터 배에서 꼬르륵 소리가 나기 시작했습니다.'라고 했어요."

"저는 '범수는 화장실로 달려갔습니다.'라고 적었어요."

아이들은 문장 이어 가기 게임에서 했던 '상상하여 이어 쓰기 활동'을 떠올리며 이어 쓰기가 재밌었다고 이야기했다.

"이제부터 동화의 초고를 고쳐 보자. 그리고 고쳐쓰기가 어느 정도 끝나면 이어질 뒷이야기를 상상해서 적는 이어 쓰기도 할 거야."

ChatGPT가 쓴 동화를 읽어 본 아이들은 신기해하면서 편집자처럼 이 부분은 잘 썼고 저 부분은 고쳐 쓰고 싶다는 이야기를 나눴다. 또 인공지능의 도움을 받지 않고 동화를 쓴 아이들은 자신이 쓴 내용을 ChatGPT에게 학습시켰다. 그리고 뒤에 이어질 내용을 ChatGPT에게 만들도록 시키면서 인공지능과 함께 글 쓰는 과정을 즐겼다.

"다들 열심히 집중하는 모습을 보니까 진짜 글쓰기를 체험하고 있는 것 같네. 사실 글쓰기는 누구나 할 수 있지만, 모두가 어려워하는 일이기도 하단다."

"저는 글쓰기가 이렇게 재밌는 줄 처음 알았어요. 누가 옆에서 계속 도와주는 느낌이에요."

신난 창훈이가 자리에서 벌떡 일어났다.

"그래, 창훈아, 사그라다 파밀리아에 대한 동화를 썼던데 어떤 내용인지 말해 줄 수 있니?"

"주인공인 가우디는 필릭스라는 예언자의 후손으로, 예전에 있었던 오크와 마법사의 전쟁에서 무너졌던 사그라다 파밀리아를 다시 짓는 게 꿈이었죠. 하지만 지어야 했던 12개의 첨탑 중에 8개만 완성하고 생을 마감했어요."

"선생님이 봤을 때 이어 쓰기 부분에서 상상한 장면이 정말 기발했던 것 같아. 사그라다 파밀리아는 가우디라는 인물이 짓기 시작해서 지금까지 짓고 있는 건물인데 그것을 오크와 마법사의 전쟁에서 무너진 건물이라고 상상했잖아. 어떻게 생각해 낸 거니?"

"제가 해외 파견 기자로 일할 때 사그라다 파밀리아 성당을 조사했는데, 1882년부터 지었대요. 그러면 정말 오래전이잖아요. 게다가 오랫동안 지어진 건물이면 많은 재료가 모여서 만들어지고요. 그래서 그런 건물에는 마법의 힘이 숨겨져 있을 것 같다고 상상한 거예요."

아이들은 창훈이의 기발한 상상력이 랜드마크를 조사하면서 알게 된 지식에 근거했다는 사실을 알고 감탄했다.

"조사한 랜드마크에 대한 내용 말고 다른 아이디어도 들어갔니?"

"평소 제가 하는 게임에서 오크 캐릭터는 힘이 세지만 머리가 나쁘고, 마법사 캐릭터는 머리가 좋지만 힘이 약해요. 그래서 두 나라 사이에 전쟁이 일어나는 설정을 넣었어요. 그리고 오크들이 전쟁을 하면서 자신들을 힘들게 했던 사그라다 파밀리아라는 마법의 성당을 부수게 된 거죠."

"이야기 중간에 나오는 12사도라는 예언자들은 어떻게 생각했어?"

"실제 사그라다 파밀리아에 있는 12개의 첨탑이 예수 그리스도가 복음을 알리기 위해 뽑은 열두 명의 제자를 뜻한다는 걸 알고 떠올렸어. 그래서 오크가 성당을 부순 뒤 열두 명의 예언자들이 등장한다고 설정했지. 그리고 성당이 무너져서 걱정하는 필릭스에게 예언자들이 성당은 다시 지어질 테니 걱정하지 말라고 얘기해 준 거야."

"창훈아, 진짜 재밌다. 그래서 어떻게 됐어?"

아이들은 눈을 반짝이며 뒷이야기를 어서 말해 달라고 창훈이를 독촉했다.

"이후에 가우디가 태어나서 성당을 지었지만, 마법의 힘이 필요했기 때문에 혼자서 성당을 완성하기에는 시간이 부족했어. 결국 가우디는 친구에게 '성당은 완공되면 스스로 지키는 힘이 생겨날 거야.'라는 알 듯 말 듯한 유언을 남기고 죽게 돼. 친구는 유언을 믿지 않았지만 가우디를 사랑하는 마음으로 성당을 완공하게 돼. 그리고 정말로 성당을 지키는 거대한 노란 방패가 생겨서 사그라다 파밀리아를 지켜 준다는 내용으로 끝나. 그런데 내가 조사한 내용에 의하면, 가우디 사망 100주기인 2026년에 실제로 성당 공사가 끝난대."

창훈이의 이야기가 끝나자 친구들의 박수가 이어졌다. 몇몇 친구들은 2026년에 성당이 완공되면 노란 방패가 생길지도 모른다면서 스페인 바르셀로나에 가 보고 싶다고 말했다.

"정말 재밌고 괜찮은 이야기가 만들어졌구나. 축하해! 혹시 동화를 만드는 중간에 인공지능의 한계점 같은 것을 발견했니?"

"내용이 길어지면서 몇몇 부분들은 제가 원하는 방향으로 고치고 싶었는데, 인공지능이 그걸 이해하는 데 어려워하는 것 같았어요."

"그래서 그만뒀니? 아니면 다른 방법을 사용했니?"

"선생님이 ChatGPT는 저와의 대화 내용을 기억하고 있다고 하셨잖아요. 그래서 동화 내용을 세 부분으로 나눠서 고쳐 달라고 했어요. 대화 내용이 길어져서 다 기억을 못 해도 제가 나중에 고치면 되니까 크게 상관없을 것 같았어요."

"너희들이 인공지능 사용법을 스스로 터득해 가는 모습을 보니까 선생님이 다 뿌듯하다. 다른 친구들도 끊임없이 질문하고, 명령어를 계속 입력해서 자신만의 이야기 창작법을 만들어 가면 좋겠다."

05

ChatGPT 원리
사람처럼 배우고 이야기하는 인공지능

"우리가 사용한 생성형 인공지능 ChatGPT는 어떻게 만들어졌을까?"

"일단 공부는 많이 한 것 같아요."

"맞아! 한 권의 책은 100쪽이고, 한 쪽에 500단어 정도 들어 있다고 가정해 보자. 그러면 CahtGPT 3.5는 1140만 권 정도의 책을 공부했다고 보면 돼."

"와, 진짜 공부를 많이 한 것 같네요. 제가 1년 동안 교과서랑 문제집을 다 포함해도 40권은 볼까요?"

"그래도 사람처럼 다 이해하는 건 아니죠?"

지원이가 의심이 가득한 눈빛으로 물었다.

"맞아, 사실은 사람이 쓰는 글과 비슷하게 만들어 내는 거지, 사람처럼 단어나 문장 속에 숨겨진 의미까지 이해해서 쓰는 건 아니야."

"사람처럼 글을 이해해서 적는 것도 아닌데 어떻게 사람이 쓰는 것처럼 글을 쓸 수 있는지 궁금해요."

"우선 사람의 언어 습득 과정을 살펴볼까? 너희들은 태어날 때부터 지금처럼 말을 잘했니?"

"아니요, 그럴 리가요. 제가 아기였을 때 할 줄 아는 거라곤 우는 것밖에 없었다고 엄마가 말씀하셨어요. 응애응애!"

아람이가 아기처럼 우는 시늉을 하자 친구들이 귀엽다며 따라 했다.

"그렇지. 사람의 언어 습득 과정은 굉장히 까다롭고 복잡해. 그래서 그 결과물은 놀랍도록 뛰어난 지식을 갖춘 우리 인류만이 가질 수 있어. 사실 ChatGPT라는 인공지능은 사람의 언어 습득 과정을 일부 흉내 낸 것에 불과해."

"흉내 내는 것인데도 이 정도로 똑똑하게 대답하는 거예요? 그러면 인간은 엄청 대단한 거네요."

"맞아, 기계를 사람만큼 똑똑하게 만들고 싶다는 생각에서 인공지능이 출발했어."

"선생님, 그러면 인공지능이 어떻게 글을 쓰게 될 수 있었는지 조금만 더 자세히 알려 주세요."

"좋아, 오늘은 민희뿐만 아니라 모두 귀 기울여 집중하고 있으니 더 얘기를 해 볼까!"

아이들은 이미 ChatGPT로 동화를 만들어 보고, 고쳐쓰기와 이어 쓰기 과정을 통해 인공지능과 협업하는 즐거움도 느꼈다. 어느 정도 성공적인 경험을 하고 난 후라서 그런지 ChatGPT의 원리를 궁금해했다.

"뭔가 새로운 개념을 이해할 때 이전에 알고 있는 것과 새로운 것을 비교해서 공부하는 방법이 있어. 오늘은 사람과 ChatGPT 인공지능의 언어 공부 방법을 비교하면서 알려 줄게."

"선생님, 우리가 마치 박사님이 된 것 같아요."

"맞아. 나도 그렇게 생각했어, 언어 박사님들."

아이들이 웃으며 고개를 끄덕였다.

"그러면 일단 비슷한 점부터 얘기해 볼까? 여러분은 아기 때부터 지금까지 얼마나 많은 말을 들었을까?"

"학교에 와서 선생님 수업 듣는 거랑 쉬는 시간에 친구들이랑 얘기하는 것만 해도 엄청 많을 거예요."

🧑‍🦱 "그렇지! 우리가 말을 이해하고 말하는 방법을 배우기 위해서는 엄청나게 많은 언어 데이터에 노출돼야 해."

👧 "노출이라는 건 원하든 원하지 않든 계속 듣는다는 거죠?"

아람이가 고개를 갸웃했다.

🧑‍🦱 "아람이 말이 맞아. 어렸을 때 차를 타고 지나가다 건물의 간판을 보면서 '저건 무슨 글자야?'라며 물어본 적 있지?"

👧 "유치원 때 치킨집 지나면서 '통닭'이라는 말을 몰라 엄마한테 물어본 적 있어요."

🧑‍🦱 "그래, 사람은 어쩔 수 없이 언어를 보고 듣고 읽고 쓰면서 굉장히 많은 언어 데이터들을 머릿속에 넣는단다."

👦 "그러면 인공지능은요?"

🧑‍🦱 "인공지능도 똑같아. 많은 양의 데이터가 입력될수록 성능이 뛰어날 확률이 높지. 대신 차이점도 있어. 사람은 말을 듣고 흉내 내면서 배우지만, 인공지능은 많은 양의 글을 분석하고 가공해서 배운단다."

👦 "저도 동생들한테 '형아~ 해 봐, 형아.'라고 말해요."

아이들이 창훈이의 말에 웃음을 터뜨렸다.

"아! 인공지능은 흉내 내기를 통해 배울 수 없으니 컴퓨터가 이해할 수 있는 방식으로 바꿔서 배워야 할 내용을 입력하는 거군요."

"그래, 인간도 인공지능도 결국 말하는 방식 즉 패턴을 배우는 거야."

"맞아요. 사람은 높임말을 써야 할 때가 있고 반말을 써야 할 때가 있어서 똑같은 내용이라도 말하는 패턴이 달라요."

"그렇지! 사람은 말하는 패턴을 배우지만, 인공지능은 언어 데이터들이 연결되는 패턴을 배우는 거야. 예를 들어 볼게. 너희들한테 '공-'이라고 말하면 뒤에 어떤 내용이 연결될 확률이 높을까?"

"에이, 당연히 '-쌤'이죠. 담임선생님이 공쌤이시잖아요."

아이들은 짠 것처럼 입을 모아 답했다.

"맞아, 너희들한테는 공쌤이라는 단어가 익숙해서 확률적으로 '공'이라는 글자 뒤에 '쌤'이라는 글자가 나올 확률이 높지. 그러면 '공쌤-' 뒤에는 어떤 글자가 올 수 있을까?"

"'-반'이요. 우리는 공쌤반이니까요."

"그렇지, 우리는 공쌤반이니까 '공-쌤-반'으로 이어질 확률이 높지. 하지만 다른 반이나 다른 학교 학생들도 그럴까? 똑같이 '공-'이라고 말하고 그 뒤에 따라올 글자를 물어보면 어떤 글자를 말할까?"

"'공차기', '공놀이' 같은 거 아닐까요?"

🧑‍🦳 "역시 축구를 좋아하는 창훈이다운 대답이네. 잘했어. 많은 초등학생들이 그렇게 대답할 가능성이 클 거야."

👦 "어? 선생님, 자꾸 확률이나 가능성 얘기를 하시네요?"

시윤이가 갑자기 눈을 크게 떴다.

🧑‍🦳 "오, 역시! 선생님은 계속 뒤에 올 글자들이 확률로 이어진다고 말하고 있었지. 인공지능은 글을 쓸 때 많은 사람들이 사용한 단어나 어구, 문장들로 이어서 가려고 해."

👦 "그럼 우리 반 친구들이 쓴 말이나 글을 배운 인공지능이라면 '공-쌤-반'이라고 이을 확률이 높다는 거죠?"

지원이의 질문에 공쌤이 고개를 끄덕였다.

🧑‍🦳 "그렇지. 그런데 인공지능이 배운 언어 데이터 범위를 전국 초등학생으로 넓히면 어떻게 될까?"

👦 "'공쌤반'보다는 '공놀이', '공차기'가 더 많이 나올 것 같아요."

🧑‍🦳 "와, 선생님 진짜 감동인데! 다들 정말 잘 이해하고 있어. ChatGPT라는 생성형 인공지능은 사람처럼 문장과 문맥을 이해하기보다는 많은 사람들이 사용한 글들의 패턴을 파악해서 쓴단다."

"그래서 배운 데이터의 양이 많을수록 인공지능이 더 사람처럼 쓴다는 거군요."

"맞아. 그리고 비밀이 하나 더 있는데 말이야."

공쌤이 큰 비밀이 있는 것처럼 시간을 두고 아이들을 천천히 둘러봤다.

"아이, 선생님, 빨리 말씀해 주세요."

"인공지능에게는 **신경망**이라는 특별한 장치가 있어."

"신경망이 뭐예요?"

"신경망은 **노드** node가 그물처럼 연결되어 있는 것을 말해."

"무슨 말인지 모르겠어요."

준형이가 미간을 살짝 찌푸렸다.

"우리 준형이는 탐정 만화를 좋아하지?"

"네, 완전 좋아해요. 특히 명탐정 코난이요. 코난은 범인을 밝히는 단서나 증거를 정말 잘 찾아요."

"그래, 탐정 만화를 보면 탐정이 사건 현장에 와서 범인을 밝힐 수 있는 단서나 증거들을 수집하는 모습을 볼 수 있어. 그리고 전혀 관련 없어 보이는 단서나 증거들을 가지고 범인을 밝혀내고, 사건을 해결하기도 하지. 그런데 말이야, 그런 뛰어난 탐정들이 많으면 어떻게 될까? 명탐정 코난 같은 사람들이 많은 거지."

"그럼 사건이 엄청 빨리 해결될 것 같아요."

공쌤이 재혁이를 향해 고개를 끄덕였다.

"신경망에도 그런 탐정이 있어. 그게 바로 노드야. 그리고 각자 고유한 기술과 전문성을 갖춘 노드 탐정들은 함께 작업하고 자신의 지식을 공유하면서 사건을 해결하는 거야. 그 사건이 데이터들 간의 패턴과 관계인 거지. ChatGPT 같은 생성형 인공지능은 언어 데이터들을 자연스럽게 연결시키고 사람이 질문하는 문맥이나 핵심을 파악해서 그에 맞는 대답을 해 주는 거야."

"아! 그래서 제가 '이탈리아 로마에 있는 콜로세움에 대한 이야기를 들려주세요.'라고 단순하게 질문했어도 그렇게 자세하게 대답해 줄 수 있었던 거군요."

"다른 사람들이 알려 준 언어 데이터들을 공부해서 콜로세움과 연결된 내용들을 자연스럽게 이어 준 거네요."

"왜 '사람과 똑같이'라고 안 하고 '사람처럼'이라고 하시는지 이제 알 것 같아요."

아이들은 저마다 자신들의 경험과 관련지어 다소 어려운 인공지능 개념들을 이해했다.

이탈리아 로마에 있는 콜로세움에 대한 이야기를 들려주세요.

이탈리아 로마의 콜로세움은 거의 2000년 동안 시간의 시험을 견뎌 온 세계적으로 유명한 고대 기념물입니다. 그 역사는 풍부하고 매혹적이며, 이 웅장한 건축물에 대한 많은 이야기가 전해졌습니다.

콜로세움은 플라비안 왕조에 의해 서기 70~80년에 건설되었으며 검투사 싸움, 동물 사냥, 심지어 해전을 포함한 다양한 공개 행사에 사용되었습니다. 원형 극장은 최대 5만 명의 관중을 수용할 수 있었으며, 세계에서 가장 큰 원형 극장으로 간주되었습니다.

콜로세움에 관한 가장 유명한 이야기 중 하나는 원형 극장 건설을 의뢰한 베스파시아누스 황제에 관한 것입니다. 전설에 따르면 베스파시아누스는 뇌우가 치는 동안 거대한 원형 극장의 환상을 보았습니다. 그리고 이를 신의 신호로 해석했습니다. 그는 환상을 본 그 자리에 콜로세움 건설을 명령했고, 콜로세움은 로마 제국의 가장 인상적인 건축물 중 하나가 되었습니다.

콜로세움에 관한 또 다른 이야기는 유명한 검투사 스파르타쿠스와 관련 있습니다. 기원전 71년 스파르타쿠스는 로마 제국에 맞서 노예 반란을 일으켰고, 그와 그의 추종자들은 결국 체포되어 십자가형에 처해졌습니다. 전설에 따르면 콜로세움에서 벌어진 검투사들의 전투 중 일부는 스파르타쿠스의 반란에서 영감을 얻었으며, 일부 검투사들은 그를 기리기 위해 그의 이름을 채택하기도 했습니다.

풍부한 역사에도 불구하고 콜로세움은 수세기 동안 방치되었습니다. 중세 시대에 원형 극장은 건축 자재 채석장으로 사용되었으며, 다른 건물에 사용하기 위해 많은 돌이 채취되었습니다. 18세기에 교황 베네딕토 14세는 콜로세움의 복원을 명령했습니다. 그 이후로 콜로세움은 주요 관광 명소가 되었습니다.

오늘날 방문객들은 콜로세움을 둘러보며 고대 로마의 삶이 어땠는지 상상할 수 있습니다. 장엄한 아치와 우뚝 솟은 성벽은 로마 제국의 놀라운 공학 및 건축 기술의 증거입니다. 콜로세움은 여전히 세계에서 가장 상징적인 랜드마크 중 하나로 남아 있습니다.

06

그림이 필요해
인공지능으로 그림 작가 되기

프로젝트 수업을 진행하던 중 창훈이가 손을 들고 물었다. 창훈이는 사그라다 파밀리아 동화를 만들고 나서 자신감이 부쩍 늘어 인공지능 수업에 점점 더 집중하고 있었다.

🧑 "선생님, 동화에는 그림이 필요하잖아요. 제 동화책에 들어갈 그림은 어떻게 해요? 직접 그려야 돼요?"

👨 "오늘 할 수업이 인공지능으로 동화에 들어갈 그림을 만드는 거야."

👨 "마우스로 그리는 건가요?"

👨 "원하는 그림을 글로 적으면 그에 맞게 그려 주는 인공지능이 있지."

아이들이 웅성거렸다. 글로 그림을 그린다니 ChatGPT만큼이나 신기했다.

- "그 인공지능은 이름이 뭐예요?"
- "바로 미드저니랑 달리야. 사실 둘은 비슷한 이미지 생성 인공지능이라, 하나의 활용법을 익혀 두면 다른 것도 쉽게 사용할 수 있어. 여기서는 미드저니를 중심으로 설명해 볼게."
- "뭔가 영어로 적어야 할 것 같은 이름이네요."
- "역시 아람이는 눈치가 빨라. 두 인공지능 모두 영어를 바탕으로 학습했기 때문에 영어로 명령해야 해. 하지만 영어를 못 해도 괜찮단다."
- "그럼요! 우리에게는 번역기가 있잖아요."

민희가 자신만만한 표정으로 말했다.

- "이번 수업에서도 선생님이 너희들에게 명령어를 받아서 인공지능에게 대신 물어볼 거야."
- "선생님, 동화 그림을 그리도록 인공지능에 명령어를 입력할 때 가장 신경 써야 하는 부분이 뭔가요?"
- "한 권의 동화책 그림은 비슷한 느낌이어야 해. 동화책을 읽을 때 삽입된 그림의 느낌이 계속 달라지면 같은 작가의 그림이라고 생각될까?"

"아니요, 다른 사람들의 그림을 여러 개 넣은 느낌일 거예요. 그리고 같은 이야기인데 그림의 스타일이 다르면 동화에 집중이 잘 안 될 것 같아요."

책 읽는 걸 좋아하는 재혁이가 눈을 빛내며 말했다.

"맞아! 그것을 그림 작가의 화풍이라고 하는데, 인공지능에게 그림을 그리도록 시킬 때는 화풍이 일정하도록 신경 써야 해."

"그러면 인공지능이 화풍을 일정하게 유지하도록 만들려면 어떤 명령어를 넣어야 해요?"

"스타일, 조명, 카메라, 아티스트, 그림물감, 재료, 크기, 품질, 스타일화 같은 옵션을 일정하게 주어야 하지."

공쌤이 익살스러운 표정으로 어려운 단어들을 빠르게 나열하자 아이들은 무슨 소린지 모르겠다는 얼굴로 공쌤을 쳐다보았다.

"와, 선생님, 무슨 말이에요? 일부러 어렵게 얘기한 거죠?"

"맞아, 저런 것들을 다 알 필요 없다는 얘기야. 화가들마다 고유한 스타일이 있고, 그것들을 결정하는 요소는 엄청 많다는 얘기였어."

"그걸 다 알아야 하는 게 아니라는 거죠?"

준형이가 안심한 듯 찡그린 표정을 풀었다.

"그렇지! 우리가 사용할 명령어를 프롬프트라고 하는데, 사실 화풍과 관련된 프롬프트를 다 이해하고 쓰기엔 시간이 너무 오래 걸려."

"저도 원리 공부보다 어떤 명령어를 사용하면 되는지 알고 싶어요."

"미드저니 같은 이미지 생성형 인공지능은 명령어의 종류도 많고, 사용할 단어도 많단다. 그래서 프롬프트를 만드는 데 도움을 주는 도우미를 사용할 거야. 이해하기 어려울 땐 포기하지 말고 어떻게 하라고 했지?"

 "일단 해 보자!"

아이들이 한목소리로 크게 대답했다.

"인터넷 브라우저를 켜서 prompt.noonshot.com을 입력해 볼까?"

"우와, 선생님, 사이트가 다 영어로 적혀 있어서 이해하기 어려워요."

"창훈아, 화면에서 마우스를 우클릭해 봐. 그러면 새로운 창이 뜰 거야. 거기서 '한국어로 번역'을 눌러."

"오, 이제 다 한국어로 보인다! 고마워."

창훈이가 환하게 웃으며 말했다.

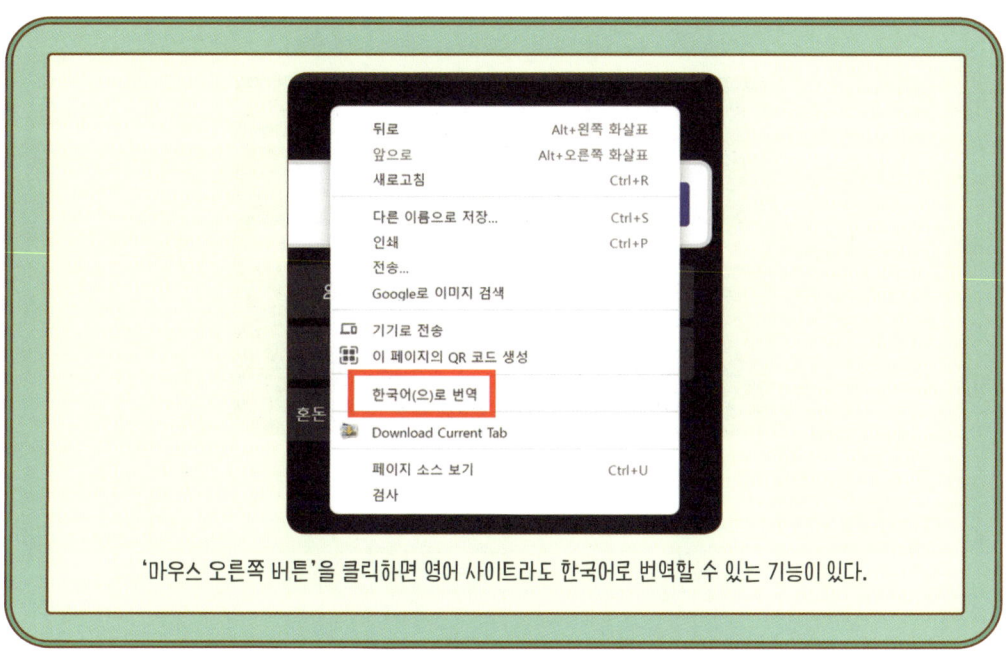

'마우스 오른쪽 버튼'을 클릭하면 영어 사이트라도 한국어로 번역할 수 있는 기능이 있다.

"선생님, 여기에 '중간 여정 프롬프트 도우미Midjourney Prompt Helper'라고 적혀 있어요. 무슨 뜻이에요?"

"그건 내가 설명해 줄게. 미드저니라는 이미지 생성 사이트에서 사용되는 프롬프트 만드는 일을 도와준다는 뜻이야."

"민희야, 설명 고맙다. 화면 중간에 또 뭐라고 적혀 있는지 알려 줄래?"

"'Start typing your main idea…'라고 적혀 있어요. 이건 '너의 제일 중요한 아이디어를 적어라.'라는 뜻이에요."

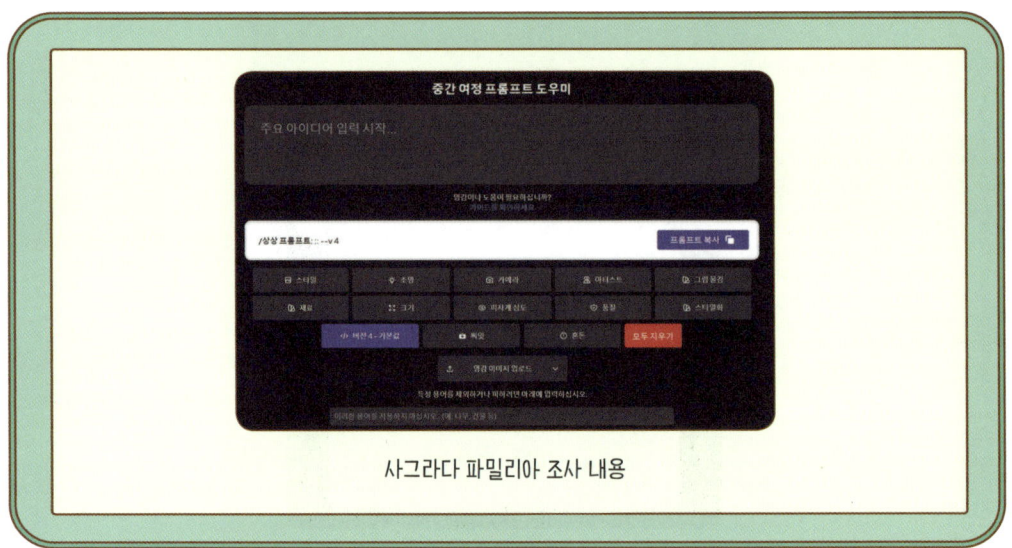

사그라다 파밀리아 조사 내용

민희가 재빨리 화면에 뜬 영어를 읽었다.

"그곳에 내가 어떤 그림을 그릴지, 어떤 이미지를 생성하고 싶은지 적을 거야. 사용법을 익혀야 하니까 일단 그림을 하나 그려 보자. 어떤 그림이 좋을까?"

"선생님, 저는 고양이를 그리고 싶어요."

"미드저니 인공지능에게 고양이를 그리도록 시켜 보자. 먼저 구글 번역기에 이렇게 적었어."

"빨간 부분을 보면 영어로 번역된 텍스트를 복사할 수 있는 버튼이 있어. 이걸 클릭하면 컴퓨터 속의 임시 저장소에 저 문장이 저장돼."

"잠깐만 기억되는 거죠?"

"그렇지. 이 장치를 램RAM이라고 해. 바로 꺼내어 쓰기 좋게 임시로 저장하는 곳이라고 생각하면 돼. 이제 미드저니 프롬프트 도우미 사이트로 가서 이 문장을 '붙여 넣기'하자. 사이트 주소는 prompt.noonshot.com이야."

"임시로 저장된 영어 문장은 마우스 오른쪽을 클릭해서 '붙여 넣기' 하면 되나요?"

"마우스로 해도 되고 키보드의 'ctrl'과 'v'를 동시에 눌러도 돼."

지원이가 잽싸게 공쌤 대신 민희의 질문에 답했다.

 "민희도, 지원이도 잘했어. '붙여 넣기'를 하고 나면 아래쪽에 'Copy Prompt'라고 적혀 있을 거야. 그걸 누르면 미드저니에게 명령할 수 있는 형식으로 복사된단다."

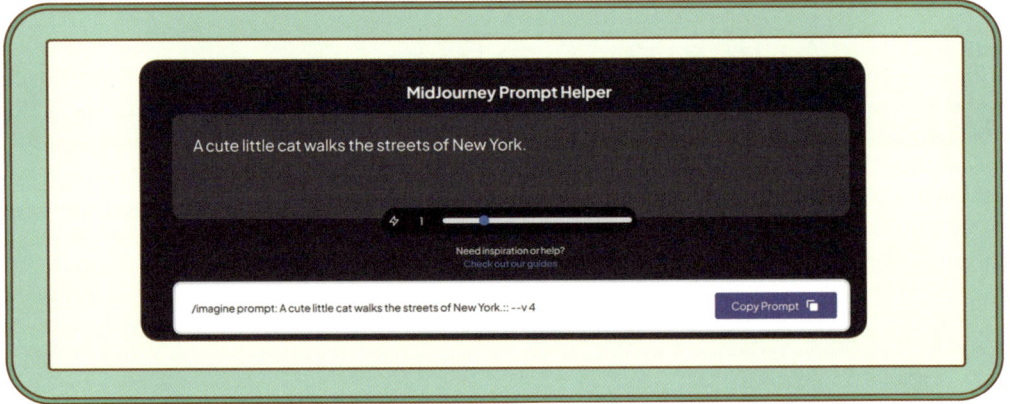

 "선생님, 이렇게 순서대로 하니까 이해하기 쉬워요."
 "미드저니 사이트로 가서 화면 아래쪽 채팅창에 다시 '붙여 넣기'를 한 뒤 엔터를 누르면 명령어에 따라 인공지능이 그림을 만들어 준단다."

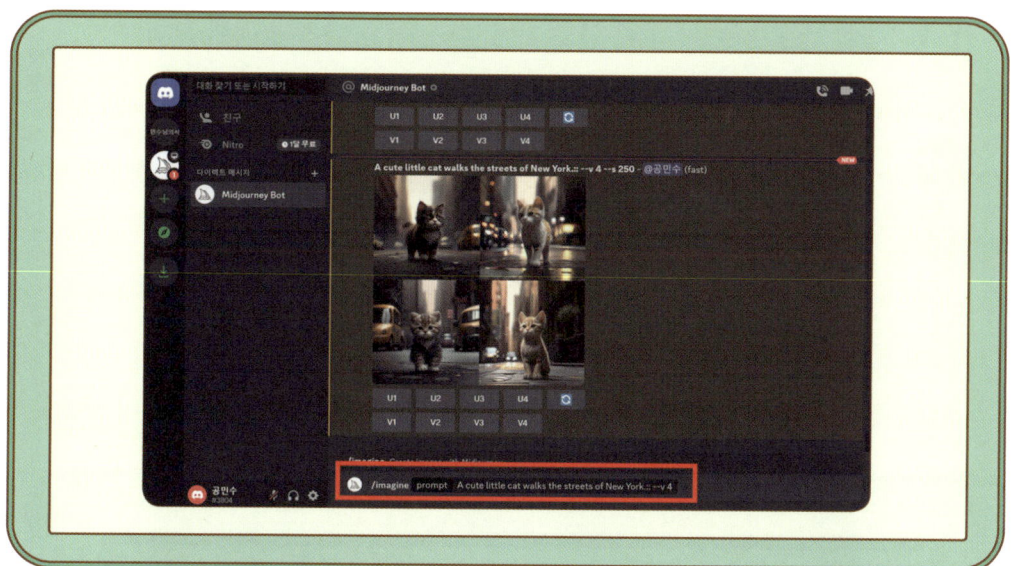

 "와~! 선생님, 고양이가 아주 귀여워요."

아이들은 귀여운 고양이가 도시를 걷는 느낌이라면서 좋아했다. 자기도 해 보고 싶다면서 소리치는 아이들도 있었다.

"선생님, 그런데 동화책을 만들 때 작가마다 그림의 느낌이 달라야 하잖아요."

"그리고 한 권의 동화책에는 한 명의 그림 작가가 그린 그림을 넣어야 하니까, 느낌이 비슷해야 하고요."

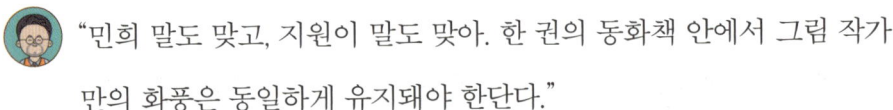"민희 말도 맞고, 지원이 말도 맞아. 한 권의 동화책 안에서 그림 작가만의 화풍은 동일하게 유지돼야 한단다."

"그러면 화풍을 일정하게 유지하려면 어떻게 해야 해요?"

"선생님이 프롬프트 도우미 사이트를 알려 준 이유가 바로 그거야. 그 사이트에 들어가 볼까? '프롬프트 복사' 아래를 보면 다양한 옵션들이 있을 거야. 어떤 것들이 보이니?"

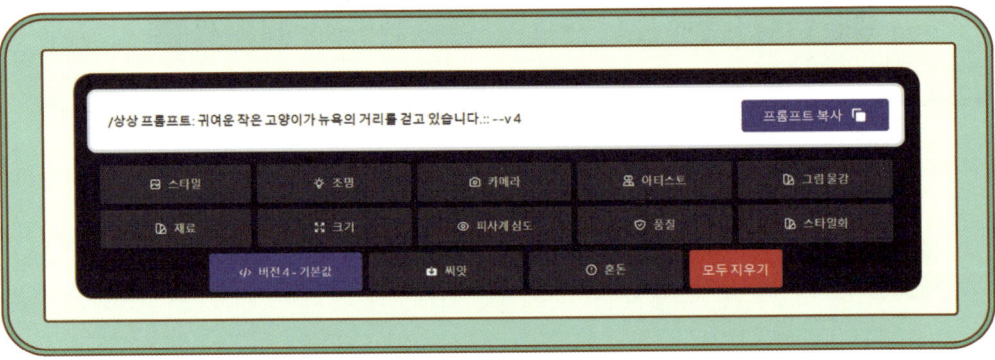

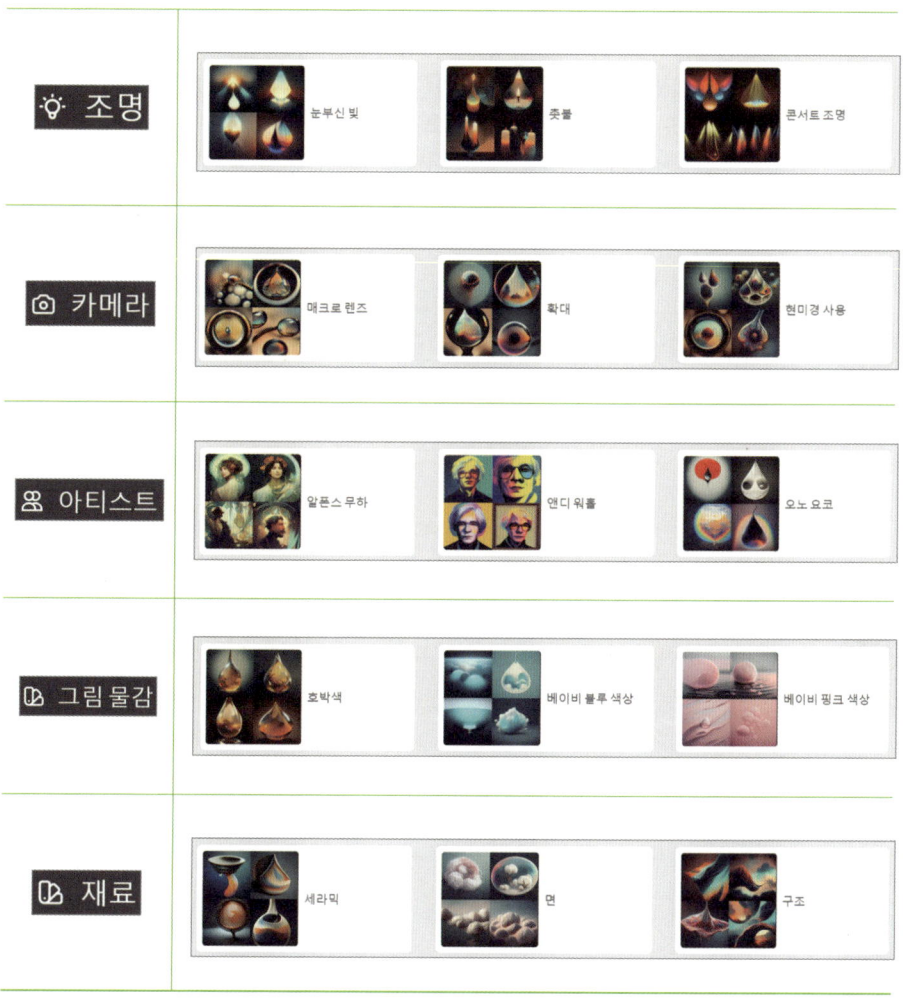

"스타일, 조명, 카메라, 아티스트, 그림물감, 재료 같은 게 보여요. 선생님, 하고 싶은 것은 모조리 선택할 수 있나요?"

"그럼! 어떤 스타일로 할지, 어떤 조명을 쓸지, 재료는 무엇을 쓰고 몇 개나 쓸지 클릭해서 정할 수 있어."

"그러면 저희가 선택한 옵션을 일정하게 계속 두면 그게 인공지능의 화풍이 되겠군요!"

"지원아, 참 잘했어. 일단 옵션들을 정한 뒤에 동화 그림이 모두 완성될 때까지 계속 유지하는 거지."

"그러면 이제는 저희가 동화책에 어떤 장면을 그림으로 넣을 건지 정하면 되겠네요."

민희가 신난 표정으로 공쌤을 쳐다봤다.

"동화가 다 만들어져 있으니까 어떤 문장을 가져올지만 고민해도 되겠어요."

"주요 장면이나 이야기를 이해하는 데 도움이 되는 장면을 그림으로 만들면 좋단다. 이제 너희가 장면들을 만들 수 있도록 선생님이 도와줄게. 이번에 미드저니를 쓸 때도 선생님이 중간 역할을 할 거야."

"문장은 어디에 올릴까요?"

"우리 반 게시판에 올리면 선생님이 하나씩 가져와서 인공지능에게 그림을 그리게 시킬 거야. 생성된 이미지 결과물들을 보고 괜찮은 것들만 게시판에 옮겨 줄게."

아이들은 저마다 자신의 동화에서 어떤 문장을 뽑아 그림으로 만들지 고민했다. 그렇게 결정한 문장을 프롬프트 도우미 사이트에 들어가서 입력했다. 그리고 옵션들을 선택하여 자신만의 화풍을 결정했다.

고민 끝에 최종 완성한 이미지 생성 프롬프트를 미드저니 사이트에 입력하여 이미지를 만들어 냈다. 몇몇 친구들은 또 다른 이미지 생성 인공지능인 달리를 활용해 이미지가 정말 일관되게 나오는지 확인하기도 했다. 결과물은 아래와 같이 나왔다.

장면 순서	장면 내용 (제목: 사그라다 파밀리아의 진실)		
	인공지능이 만든 이미지	주요 장면 한글 설명	사용된 프롬프트
1		햇빛이 비치는 사그라다 파밀리아	Sunlit Sagrada Familia:: —v 4
2		사그라다 파밀리아를 둘러싼 검은 기운	Black energy surrounding the Sagrada Familia:: —v 4
3		마법사와 싸우는 오크	Wizards Fighting Orcs

4		19세기 바르셀로나에 있던 한적한 마을	A quiet town in Barcelona in the 19th century
5		19세기 망토를 입은 두 명의 마법사가 서로 인사를 한다	In the 19th century, two wizards in a cloak greet each other
6		사그라다 파밀리아를 짓는 마법사들	Wizards Building the Sagrada Familia
7		사그라다 파밀리아의 높은 첨탑	The high spire of the Sagrada Familia::0 —v 4
8		스페인 지도의 빨간색 X 표시	Red x sign on a map of Spain
9		불이 붙은 사그라다 파밀리아	1000 Wizards Fighting Orcs Against Sagrada Familia:: 1800s::1 fire::1 baby blue color::0.5 —v 4

최강의 AI 공쌤반 아이들

10		하늘에 떠 있는 보라색 저주 구슬	A purple magic pearl in the sky of Barcelona
11		열두 명의 예언자들이 예언을 한다	Twelve prophets see the future.
12		중년 남자가 십 대에게 말을 건다	A middle-aged man talks to a teenager:: 1800s::1 fire::1 baby blue color::0.5 —v 4
13		코트를 입은 사람들과 대화하는 중년 남성	In the castle, a middle-aged man is talking to five people in coats, fairytale
14		중년 남자가 종이에 글을 적는다	A middle-aged man who writes on paper:: 1800s::1 fire::1 baby blue color::0.5 —v 4
15		편지를 읽고 있는 호리호리한 중년 남자	A slender middle-aged man reading a letter:: —v 4

16		사그라다 파밀리아를 건설하는 노동자들을 지도하는 코트를 입은 호리호리한 중년 남자	A slender middle-aged man in a coat directing construction workers building the Sagrada Familia
17		사그라다 파밀리아를 완공한 후 환희에 찬 코트를 입은 호리호리한 중년 남자	Slender middle-aged man in a jubilant coat after completing the Sagrada Familia
18		사그라다 파밀리아 하늘 위에 펼쳐진 노란빛의 마법진	Sagrada Familia Yellow light magic on the sky
19		노란빛을 받으며 하늘에서 내려오는 사그라다 파밀리아 신	Sagrada Familia God descending from the sky with yellow ligh
20		신과 대화하는 호리호리한 중년 남성	A slender middle-aged man talks to God
21		신에게 손을 비비고 있는 코트를 입은 호리호리한 중년 남성	A slender middle-aged man in a coat rubbing his hands against God

| 22 |  | 사그라다 파밀리아를 둘러싼 노란색 방패 | A pale yellow shield surrounding the Sagrada Familia |

화풍을 정한 뒤 만든 동화책 그림들이 온라인 게시판에 공유되자 아이들이 탄성을 질렀다.

"선생님, 이거 너무 재밌어요."

 "선생님도 너희들 작품이 전시된 게시판을 보니까 정말 감동이다."

 "선생님, 이 게시판 지우시면 안 돼요. 저 계속 볼 거예요. 친구들이랑 부모님한테도 자랑할래요."

　다른 아이들도 한마음인지 계속 유지해야 한다고 말했다. 그리고 자신의 작품뿐만 아니라 다른 친구들의 그림들을 보면서 어떤 이야기의 동화일지 추측해 보기도 했다.

 "다음 시간에는 지금까지 한 것들을 모두 모아 볼 거야. 기대되니?"

 "네! 선생님, 얼른 다음 시간이 왔으면 좋겠어요."

 "그럼 다음 시간에는 동화책을 마무리해 보자."

07

e북으로 동화책 출판 편집자 되기

"너희들은 '구슬이 서 말이라도 꿰어야 보배다.'라는 속담 아니?"

"그럼요. 아무리 좋은 것이라도 쓸모 있게 만들어 놓아야 값어치가 있다는 뜻이죠."

"그래, 민희야, 잘 말해 줬어. 오늘은 그동안 우리가 모은 구슬들을 엮어서 예쁜 목걸이를 만들 거야. 우리는 지금까지 인공지능과 어떤 것들을 했지?"

"첫 번째 구슬은 ChatGPT 인공지능이랑 동화를 만든 거예요."

창훈이가 재빨리 손을 들고 대답했다.

"두 번째 구슬은 미드저니 인공지능이랑 동화 그림을 만들었어요."

"동화책에 필요한 이야기와 그림들이 모두 준비된 것 같네. 이제 동화책을 만들어 보자."

"선생님, 제 동화책이 진짜로 생기는 거예요?"

"그럼! 우리가 동화책을 직접 만드는 거야."

공쌤의 말에 아이들은 환호성을 질렀다.

"지금까지 한 것들만으로도 정말 신기했는데. 책으로 완성할 수 있다니 믿기지 않아요."

"자, 우리 북 크리에이터에 접속해 보자."

"영어로 되어 있어요."

"마우스 오른쪽을 클릭해서 '한국어로 번역'을 누르면 한국어로 바뀔 거야."

"화면 오른쪽 위에 보면 '가입하기'가 있어. 구글 아이디로 가입하고 로그인을 해 보자. 이제 화면에 코드를 넣으라고 할 거야. 선생님이 알려 주는 코드를 넣고 들어오면 돼."

공쌤은 아이들이 코드를 넣고 들어올 때까지 기다렸다.

bookcreator.com에 접속하여 '한국어로 번역'한 화면 모습

선생님이 알려 주는 일곱 자리 코드를 넣고 도서관으로 입장한다.

함께하는 선생님이 없을 경우 자신이 선생님이 되어 도서관을 직접 만든다.

"로그인이 되면 '+뉴북+New Book'이라고 적힌 노란색 버튼이 보일 거야. 그걸 눌러서 '템플릿Templates'를 선택한 뒤 '포토북Photobook'을 클릭하자."

"선생님 화면을 보면서 하니까 쉬워요."

아이들은 화면을 보면서 차례대로 사용법을 익혔다.

1	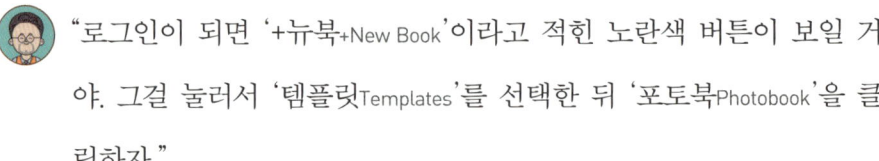	북 크리에이터의 '라이브러리Library'에 들어오면 화면 오른쪽 위에 '+뉴북+New Book' 버튼이 보인다.
2		템플릿을 선택한다.
3		여러 템플릿 중 포토북을 선택한다.
4		표지에 있는 사진을 클릭하고, 휴지통 모양이 나오면 클릭해서 사진을 지운다.

5		'+' 버튼을 누르고, '파일files'을 눌러 컴퓨터에 저장된 동화 그림을 가져온다.
6		노란색 '+' 버튼을 누르면 이미지 외에 다른 기능들도 쓸 수 있다.
7		이미지, 카메라로 사진 찍기, 펜으로 쓰거나 그리기, 타자로 텍스트 입력하기, 녹음하기 기능이 있다.
8		화면 좌우의 화살표를 누르면 다음 페이지로 넘어간다.
9		새로 적은 텍스트Text에 대고 마우스를 우클릭하면 편집 기능이 보인다.

10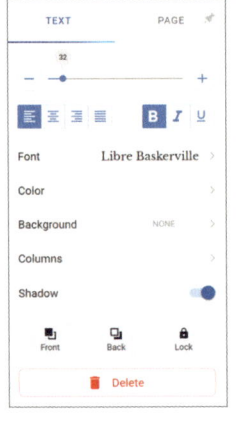

'텍스트' 탭에서는 글자 크기, 좌우 맞춤, 글씨 색깔, 글씨 배경색, 그림자 효과 같은 기능을 조절할 수 있다.

이때 어두운 배경에는 흰색을 사용해서 글자가 잘 보이도록 하고, 그림자를 설정하여 읽기 편하게 만든다.

 "어때, 이제 한 장씩 완성할 수 있겠니?"

 "선생님, 진짜로 책이 만들어지고 있어요."

 "맨 앞 페이지는 동화책 앞표지로 쓰이니까 동화 제목과 작가 이름을 넣어야 해."

 "선생님, 맨 뒤 페이지에는 뭘 넣으면 좋을까요?"

창훈이가 손을 번쩍 들고 질문했다.

 "네가 쓴 동화의 본문 중에서 가장 기억에 남는 대사나 설명을 적는 게 어떨까?"

 "작가에 대한 소개도 적으면 좋겠어요."

"좋은 생각이야. 두 번째 페이지에는 '작가의 말'을 넣어서 책을 만든 과정, 만들면서 느낀 점, 이야기를 만들게 된 이유를 포함해 프로젝트 수업 과정을 적어 주면 좋을 것 같아."

"등장인물 소개도 넣으면 어떨까요?"

"그러면 세 번째 페이지에서 등장인물을 소개해 보자. 주인공의 이름과 성격을 넣어 주면 좋을 것 같아."

공쌤의 말에 재혁이가 고개를 옆으로 살짝 기울였다.

"선생님, 또 주의해서 만들어야 할 점이 있을까요?"

"동화책 뒤표지를 만들려면 전체 페이지 수를 짝수로 맞춰야 해. 예를 들어 20페이지, 22페이지처럼."

아이들은 자신이 조사했던 랜드마크의 이름을 넣은 개성 넘치는 동화 제목을 만들어 적었다. 동화책의 앞표지와 뒤표지에는 인공지능이 가장 잘 만들었다고 생각되는 이미지를 넣었다.

"선생님은 우리 모두의 동화를 엮어 한 권의 종이책으로 만들고 싶거든. 그 책의 제목을 지으면 좋겠어. 뭐라고 짓는 게 좋을까?"

"공쌤반 전집 어때요?"

"저희 집에 세계 문학 전집 있어요. 그런 비슷한 이름이면 좋겠어요."
"우리가 랜드마크를 조사했으니까 그 단어도 들어가면 좋겠어요."

아이들의 의견이 모여 '[공쌤반] 전 세계 랜드마크 동화 전집'이 탄생했다.

도서명	사그라다 파밀리아의 전설	테이블 마운틴 요정을 구한 용감한 소녀
책 표지		

도서명	데이브와 오페라 하우스의 유산	심포니 오브 라이트에 살고 있는 이지와 허포
책 표지		
도서명	에펠탑에 올라 영웅이 된 에디	세렝게티 국립공원의 기린과 새미
책 표지		
도서명	자유의 여신상을 깨운 리버티	타워 브리지 유니콘의 일상
책 표지		
도서명	만리장성을 간 소년	오사카성 보물찾기
책 표지		

도서명	콜로세움에 간 김마리	모아이 석상의 음악회
책 표지		

도서명	지아, 치첸이트사의 선을 조사하다	노이슈반슈타인 성 안의 아지트
책 표지		

도서명	블루 모스크에 방문한 손님들	하롱 베이의 전설
책 표지		

08

북 콘서트 열기
꼬마 작가님들의 북토크

 "여러분, 안녕하세요. 공쌤반 북 콘서트에 오신 것을 환영합니다!"

공쌤이 마이크를 들고 사회자처럼 유쾌한 목소리로 말했다. 그러자 아이들이 의아한 표정으로 공쌤을 쳐다봤다.

 "우리가 만든 책을 발표하려나 봐. 심장이 두근두근하는데?"

몇 명은 눈치채고 설레는 표정으로 공쌤을 바라봤다.

 "오늘은 유명한 작가님들을 모시고 북 콘서트를 열려고 합니다."

"사회자님, 북 콘서트가 뭐예요?"

"창훈 관객님, 질문 주셔서 감사합니다. 저희 북 콘서트에서는 유명한 작가님들이 직접 자신의 책을 낭독해 주십니다. 그리고 관객 여러분들이 그 책의 내용에 대해 질문하면 작가님이 직접 설명해 주실 거예요."

"공쌤 사회자님, 작가는 한 명이고 나머지는 관객인가요?"

"네, 맞습니다. 작가 한 분을 모시면 우리는 귀 기울여 열심히 듣고 무엇을 물을지 적어 두었다가 '작가와의 대담' 시간에 질문해 주시기 바랍니다. 자, 어느 작가님부터 모실까요?"

아이들은 작가님들을 초청한 낭독회에 실제로 참석한 것처럼 느꼈는지 먼저 발표하는 일을 두고 떨려 했다. 그러자 민희가 용기 있게 나섰다.

"제가 하겠습니다!"

"민희 작가님, 먼저 용기를 내 주셨군요! 감사합니다. 앞으로 오셔서 자신의 동화를 직접 읽어 주시기 바랍니다."

"네! 안녕하세요, 저는 동화 '타지마할을 건설한 요리사'를 지은 민희 작가입니다. 지금부터 저의 동화를 잘 들어 주세요."

민희가 자신의 동화를 읽어 내려가기 시작했다.

동화책 앞표지	동화책 뒤표지
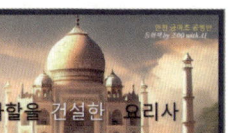	
작가의 말	등장인물 소개
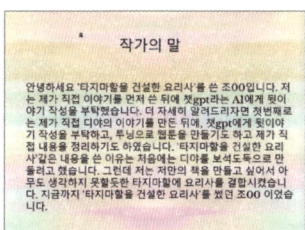	

다음 장을 클릭하면 실제로 책장을 넘기는 것처럼 작동하는 e북으로 만들었다.

1

2

3

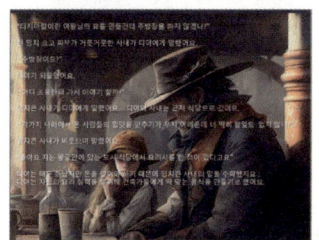
4

1장. 동화 작가가 되어 보자! ✦ 전 세계 랜드마크 스토리텔링 AI 프로젝트 ①

5 디아는 다음날부터 타지마할 공사 현장에 파견됐어요. 아침, 점심, 저녁으로 3만점 이상의 노동자들의 식사를 만드느라 집에 갈 수 없이 피곤했지만 사람들의 웃음에 디아가 만든 음식을 먹을때 "공사할 때 엄청 피곤했는데 피로가 싹 가시는 것 같아" 라는 말을 해주면 힘이 났어요. 그렇게 매일 디아는 타지마할의 공사현장으로 나갔어요.

6 타지마할이 만들어지고 몇년 후 디아는 자신만의 레스토랑을 차렸어요. 디아의 레스토랑은 음식이 맛있고 서비스가 좋기로 도시에서 꽤 유명한 맛집이었지요. 그러던 어느날.

7 디아의 친구 아스미가 디아에게 부탁을 하나 했어요. "직접에 함께하는 유료들에 대우한 요즘에 큰 파티를 여는데 요리를 책임져 줄 수 있을까?" 아스미가 물었어요. 디아는 잠시 생각하더니 아스미의 부탁을 들어주기로 했어요.

8 디아는 완벽한 메뉴를 계획하고, 가장 신선한 재료들을 선택하여, 새로운 요리법을 실험하는데 몇 주를 보냈어요. 파티가 있던 날, 디아는 일찍 도착해서 요리를 준비하기 시작했어요. 디아는 각 요리를 정성껏 요리하며 지침 줄 모르고 일했어요.

9 손님들이 도착했을 때 디아는 맛있는 음식 냄새로 손님들을 맞이했어요. 디아의 요리는 정말 맛있었어요. 아스미는 파티 성공에 무척 뻐하며 디아에게 다른 제안을 했어요.

10 황제가 궁전에서 일을 새로운 요리사를 뽑는다는 것을 들은 아스미는 디아에게 그 얘기를 막 꺼내려고 하였어요. 디아는 좀 당황했어요. 디아는 오랜세월 공사장에서 일했고, 황제가 얼마나 까다로운지 잘알고 있었거든요. "새로운 황제가 왕궁에 오셨으니 기회가 되지 않을까?" 아스미는 디아를 달랬어요. 디아는 다시 생각하더니 왕궁에서 일하기로 했어요.

11 디아는 왕국 요리사 시험을 본격적으로 준비했어요. 디아는 왕궁으로 가서 황제에게 자신의 요리를 선보였어요. 부쩍 긴장했어요. 새로운 황제는 한적한 사색적인 부족하던 식사를 다시 맛보고 싶다 말했지요. "그이날에 이번 돈이가 주게" 새로운 황제는 디아에게 명했어요. 디아는 자신이 먹여졌구나 생각했지요.

12 하지만 그 것은 디아의 차례였어요. 얼마 후 디아의 집에 왕의 마차들이 디아를 데리러 왔어요. 그리고 왕국 요리사가 되었어요. 디아는 타지마할의 공사현장에서 맛보다 더 많은 돈을 벌 수 있었고, 디아의 음식은 왕궁에서 유명했어요. 디아는 미식에서 지켜 올리는 달 건의 제국 전역에서 이름을 떨쳤어요.

98　　　　　　　　　　　　　　　　　　　최강의 AI 공쌤반 아이들

 "어때요? 여러분, 재미있게 잘 들었나요? 작가님이 직접 자신이 쓴 동화를 읽어 주니 더 실감나네요. 지금부터 작가님께 질문을 해 봅시다."

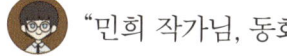 "민희 작가님, 동화책을 출판하시고 돈은 얼마나 버셨나요?"

"아직 한푼도 못 벌었습니다."

준형이의 재미있는 질문에 아이들이 한참을 웃었다. 긴장이 좀 풀린 듯 여기저기서 손을 들기 시작했다.

 "작가님, 디야를 요리사로 설정한 아이디어는 어디서 나왔나요?"

 "제가 작가의 말에 적은 것처럼 처음에는 주인공 디야를 타지마할의 보석 도둑으로 설정하려고 했습니다. 하지만 제가 좋아하는 취미인 요리를 넣고 싶었어요! 그리고 타지마할을 조사할 때 많은 사람들이 건축에 참여했다는 사실을 알게 되었습니다. 그러면 그들도 식사할 테니까 요리사가 필요할 거라는 생각에 이르렀고요. 그래서 디야를 타지마할을 건축할 때 참여한 요리사로 설정하게 되었습니다."

"작가님도 요리사가 꿈인가요?"

"저는 꿈이 여러 가지입니다. 그중에 요리사도 있습니다."

"뒤표지에 보면 '타지마할이라는 여왕의 묘를 만들건데 주방장을 하지 않겠니?', '주방장이요?'라는 대화가 있는데, 왜 넣었나요?"

"이 동화책은 가난한 요리사 디야가 자신의 일을 열심히 하다가 친구 야스미의 추천으로 세계적인 요리사가 된 내용을 담고 있습니다. 그 대화를 통해서 디야의 삶이 바뀌게 되어 뒤표지에 적었습니다."

아이들은 궁금한 점들을 묻고 답하는 사이 자연스레 동화책 내용과 작가의 의도를 이해하게 되었다.

"그러면 다음으로 자신의 작품을 소개할 작가님은 앞으로 나와 주세요."

아이들이 '사그라다~ 파밀리아~'를 외치며 창훈이를 불렀다. 그러자 창훈이가 긴장되는지 심호흡을 한 뒤 앞으로 나왔다. 그러고는 이내 자신의 동화에 집중하며 천천히 읽어 내려갔다.

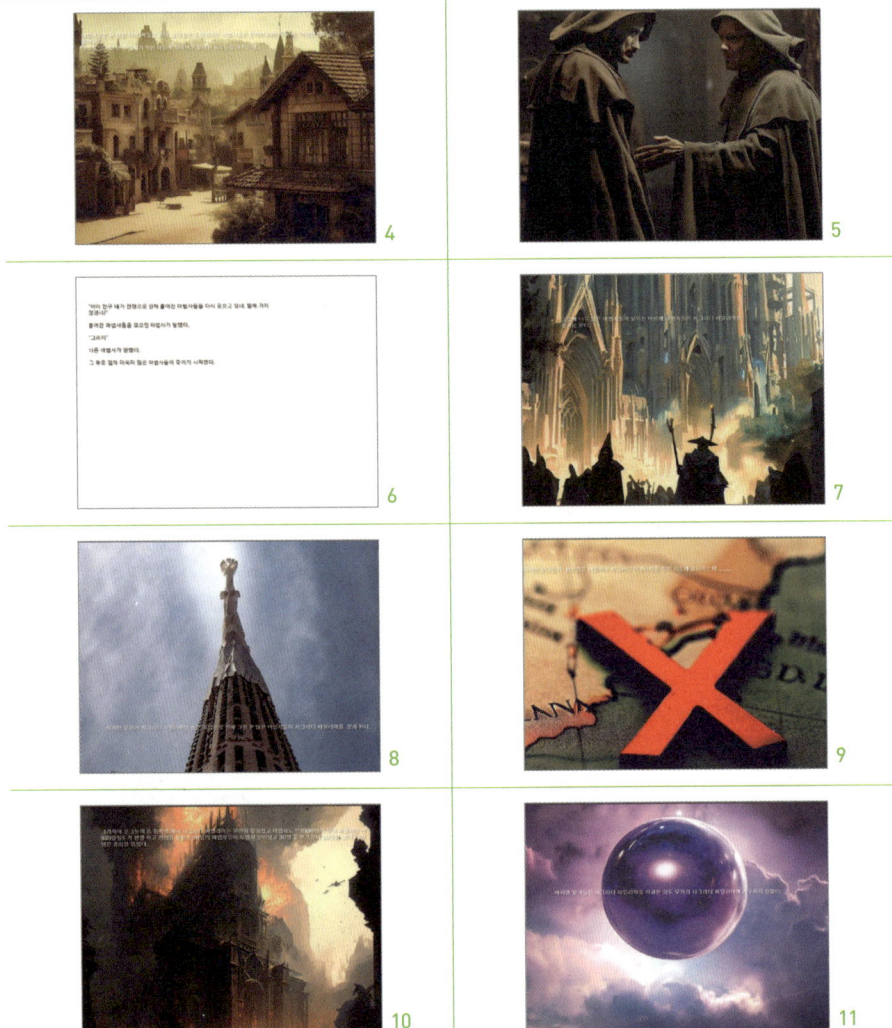

1장. 동화 작가가 되어 보자! ✦ 전 세계 랜드마크 스토리텔링 AI 프로젝트 ①

작가와의 만남, 북 콘서트 시간이 끝나자 재혁이가 말했다.

 "선생님, 마치 모아 놓은 예쁜 구슬들을 줄로 연결해서 보석 목걸이로 만들어 전시하는 기분이에요."

아이들은 예쁜 눈을 반짝이며 '동화 작가 되기 AI 프로젝트' 수업은 평생 기억에 남을 것 같다고 입을 모았다.

순서

1) K-웹툰의 시작!
2) 캐릭터 만들기: 인공지능도 우리처럼 뇌가 있다고?
3) 대사 만들기: 텍스트에서 감정 정보를 찾는 인공지능
4) 웹툰 장면 만들기: '레이어'는 아파트!
5) 웹툰 작가 되기: 신나는 이야기 만들기
    * 보너스 프로젝트 실전, 이제 나도 웹툰 작가!

사용 프로그램

- 투닝(Tooning)
- 북 크리에이터

2장

웹툰 작가가 되어 보자!

전 세계 랜드마크 스토리텔링 AI 프로젝트 ②

01

K-웹툰의 시작!

'동화 작가 되기 AI 프로젝트'가 끝나고 새로운 프로젝트 수업이 시작되는 날, 공쌤이 네이버에서 웹툰 섹션을 클릭했다. 그리고 요일별로 가장 인기 있는 웹툰이 순서대로 나열된 화면을 보여 줬다.

- "얘들아, 너희들이 제일 많이 보는 웹툰은 뭐니?"
- "선생님, 저 웹툰 진짜 많이 봐요. 매일 보는 게 열 개가 넘어요."
- "저는 주말에 한꺼번에 몰아서 보는데, 매일 올라오는 웹툰이 너무 많아서 다 외우지 못해요."

신난 아이들은 저마다 자신이 보는 웹툰 제목과 내용에 대해 조잘조잘 떠

들어 댔다. 아이들이 보는 웹툰의 양은 평소 독서량보다 많았다.

"우리나라 웹툰은 해외에서 'K-웹툰'이라 불리면서 엄청 유명해. 인터넷으로 보는 디지털 만화를 웹툰이라고 하는데, 웹툰은 인터넷의 웹web과 만화를 뜻하는 카툰Cartoon의 합성어야. 웹툰 앞에 한국을 뜻하는 코리아Korea의 K를 붙여서 K-웹툰이라고 하지."

"저는 드라마로 만들어진 웹툰도 알아요. '유미의 세포들'이 드라마로 만들어졌어요."

아람이가 반짝이는 눈동자로 뿌듯해하며 말했다.

"선생님, 그러면 웹툰으로 만든 드라마가 많은가요?"

"좋은 질문이야, 준형아. 우리 한번 검색해 볼까? 다들 인터넷 브라우저 열어서 웹툰이 원작인 영화와 드라마를 찾아보자."

"뭐라고 입력하면 되나요?"

"검색창에 '웹툰 원작 영화'라고 입력해 봐."

"오, 34개나 있어요! 이 중에 '그대를 사랑합니다'라는 영화 봤어요. 굉장히 뭉클해서 엄마랑 보면서 울었던 기억이 나요."

"이번에는 '웹툰 원작 드라마'를 찾아볼까?"

"선생님, 저는 동생이랑 집에서 '이태원 클라쓰' 봤어요. 그 드라마 하는 날이면 TV 앞에 모여 앉아서 봤던 거 같아요."

아이들은 유명한 영화나 드라마로 만들어진 웹툰들을 검색하다 보니 문득 웹툰이 보고 싶어졌다.

"그런데 웹툰을 원작으로 한 영화나 드라마가 모두 성공하는 건 아니더라고요. 사람들이 재미없다고 말하고 안 보기 시작하면 망하기도 하죠. 그런데 그런 영화는 왜 만드는 거예요?"

"작가나 감독들은 재밌다고 생각해서 만드는 게 아닐까? 사람들이 좋아할 거라고 생각하니까 만들었겠지."

"우리도 이야기를 써서 동화책으로 만들었던 것처럼?"

"그렇지. 사람들한테 미리 읽어 보라고 한 뒤 재밌으면 영화를 만들어도 좋을 텐데, 그치?"

"영화나 드라마가 만들어지려면 시놉시스라는 게 있어야 해. 그리고 시놉시스를 주변 사람들에게 읽게 하고 재미있는지 물어보기도 해."

"선생님, 시놉시스가 뭐예요?"

민희가 눈을 반짝이며 질문했다.

"영화나 드라마가 만들어지기 전에 필요한 이야기의 줄거리라고 생각하면 돼."

"그러니까 줄거리를 읽게 하고 재미있는지 물어보는 거네요?"

"맞아. 그래서 이미 인기가 많다고 검증이 끝난 웹툰들은 영화로 만들면 성공하기 좋은 내용이라고 생각하지."

"아, 그래서 인기 웹툰들이 영화나 드라마의 시놉시스로 쓰이는군요."

"그렇지! 그런 웹툰들이 영화의 시놉시스나 스토리보드로 쓰이게 되는 거야."

"선생님, 스토리보드는 또 뭐예요?"

창훈이가 새로운 단어가 나오자 궁금함을 못 참고 공쌤에게 질문했다.

"너희들, 영화 '기생충'을 만든 봉준호 감독님 알고 있니?"
"네~, 잘 알아요."
"봉준호 감독님도 '기생충'을 만들기 전에 스토리보드를 직접 그리신 걸로 유명해."

공쌤은 경탄과 놀라움을 표현하는 아이들을 바라보며 말을 이었다.

"스토리보드에는 어떤 장면을 촬영할지, 등장인물들은 어떤 대사를 할지, 등장인물과 배경은 어떤 각도로 촬영할지, 어떤 사물들을 찍어야 할지, 등장인물은 누구인지 같은 정보들이 적혀 있어. 중요한 장면을 그림으로 그리고, 촬영에 필요한 내용들을 적어 놓는 거야."

"웹툰이랑 비슷하네요."

"선생님이 영화의 스토리보드 얘기를 하는 이유는 이번 프로젝트 수업에서 웹툰을 만들고, 웹툰의 그림들을 세 번째 프로젝트 수업에서 애니메이션 제작의 스토리보드로 쓸 예정이기 때문이야."

"선생님, 이번 수업은 뭔가 엄청나게 길고 큰 수업인 거 같아요. 사실 동화도 이번 웹툰 제작에 들어가는 거죠?"

"맞아, 우리가 고생해서 작업했던 동화를 이용해서 이번에는 웹툰을 제작할 거야."

공쌤의 말이 끝나기가 무섭게 준형이가 풀죽은 목소리로 말했다.

"선생님, 그런데 저는 웹툰을 그릴 줄 몰라요."

"준형아, 이번에도 왠지 뭔가를 이용하지 않을까? 공쌤이 그러셨잖아. 이해가 안 되면 일단 해 보자!"

"그래, 우리는 직접 웹툰을 그리지 않을 거야. 하지만 그림을 잘 그리든 못 그리든 누구나 즐겁게 웹툰을 만들게 될 거야."

"직접 안 그리는데 어떻게 웹툰을 만들어요?"

"인공지능한테 좀 도와달라고 할 거야."

"무슨 인공지능인데요?"

"자기 얼굴을 닮은 캐릭터를 만들어 주거나 대사에 어울리는 동작을 찾아 주는 인공지능이지."

"한번에 웹툰을 그려 주는 건 없어요?"

"그런 것도 있지. 이제 어떤 인공지능인지 알아보러 가 보자~."

공쌤이 로봇 흉내를 내며 능청스럽게 말했다.

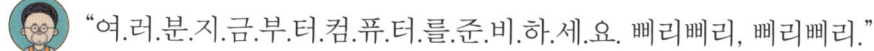"여.러.분.지.금.부.터.컴.퓨.터.를.준.비.하.세.요. 삐리삐리, 삐리삐리."

02

캐릭터 만들기
인공지능도 우리처럼 뇌가 있다고?

"인터넷 브라우저를 켜고 '투닝'을 검색해 보자."

"선생님, 영어로 'Tooning'이라고 적혀 있어요."

"그래, 그걸 클릭해 볼까?"

아이들이 신기해하며 투닝 사이트로 들어갔다.

"얘들아, 자신과 닮은 캐릭터를 만들려면 시간이 얼마나 걸릴까?"

"아무리 만화를 잘 그려도 닮게 그리려면 자기 얼굴을 오랫동안 봐야 하니까 시간이 꽤 걸릴 거예요."

"우리는 오늘 각자의 얼굴을 닮은 캐릭터를 만들 거야."

"내 얼굴을 닮은 캐릭터를요? 어떻게 그리지? 말도 안 돼요~."

아이들이 울상을 지으며 투닝에 있는 캐릭터들을 그냥 쓰자고 말했다.

 "후후, 정말 말이 되는지 안 되는지 한번 해 보자. 이제 '제작하기'를 클릭한 뒤 마음에 드는 기본 캐릭터를 골라서 클릭해 볼게."

16종의 캐릭터들이 다양한 모습으로 준비되어 있다.

기본 캐릭터 – 김툰스

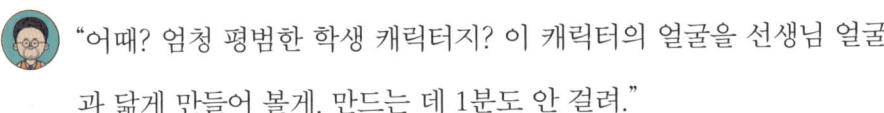
"어때? 엄청 평범한 학생 캐릭터지? 이 캐릭터의 얼굴을 선생님 얼굴과 닮게 만들어 볼게. 만드는 데 1분도 안 걸려."

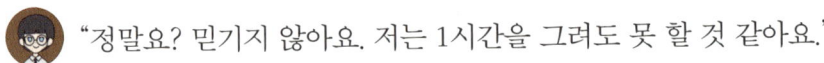
"정말요? 믿기지 않아요. 저는 1시간을 그려도 못 할 것 같아요."

"캐릭터를 클릭하면 점들이 있는 직사각형이 생길 거야. 그러면 캐릭터가 선택된 거야."

"선택되었어요. 저는 다른 캐릭터로 했는데, 괜찮죠?"

"그럼! 선생님이랑 다른 캐릭터로 해도 상관없어. 어떤 캐릭터든 내 얼굴과 닮게 만드는 게 목적이거든."

"얼른 만들어 봐요."

"캐릭터를 선택하고 화면 왼쪽 위를 봐. 거기서 '모자 쓰고 있는 사람

얼굴'을 클릭하면 'AI 자동생성'이라는 버튼이 나올 거야. 그걸 누르면 자기 얼굴이 보인단다."

아이들은 화면에 보이는 파란색 네모로 표시된 버튼들을 하나씩 클릭하며 공쌤의 설명을 듣고 따라 했다.

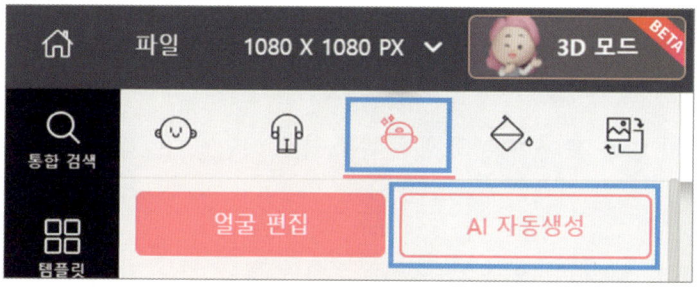

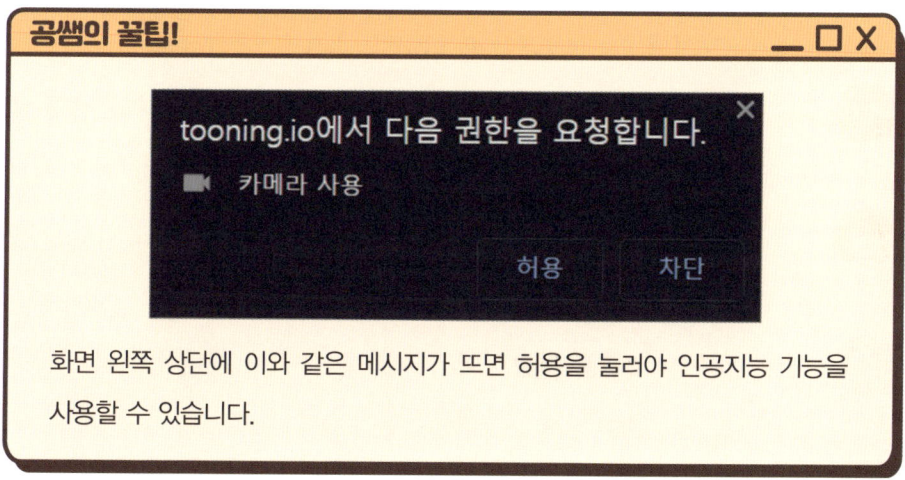

아이들은 자신의 얼굴이 보이자 소리치며 좋아했다.

- "왜 화면에 선생님 얼굴이 보일까?"
- "그야 카메라가 선생님 얼굴을 찍고 있으니까요."
- "사람 입장에서 생각해 볼까? 다른 사람의 얼굴을 볼 수 있는 이유는 우리의 신체 기관 중에 어느 부위 덕분일까?"
- "눈이요."

아이들이 입을 모아 명랑하게 한목소리로 대답했다.

- "사실 카메라는 인공지능에게 눈의 역할을 하는 장치야. 그런데 눈만 있으면 인공지능이 누구인지 판단을 할 수 있을까? 사람에게 눈만 있으면 다른 사람의 모습을 알 수 있나?"
- "아니요. 누구인지 판단하거나 알 수 있는 것은 눈이 아니라 머리 때문이에요."
- "그러면 인공지능에게도 눈 역할을 하는 카메라처럼 머리 역할을 하는 부분이 있겠네요."
- "맞아, 그게 바로 **인공신경망**이야. 카메라를 통해서 전달된 우리 얼굴을 인공신경망이 판단하거나 알아차리는 역할을 해."
- "인공신경망이 똑똑한 두뇌 역할을 하는 거네요."

아이들이 그 정도는 쉽게 이해할 수 있다는 듯 다 같이 고개를 끄덕였다.

 "사실 사람의 머릿속에도 신경망이라는 게 존재해."
 "선생님, 신경망이 뭐예요?"
 "우리 머릿속에는 수없이 많은 신경들이 있어. 그것들은 서로 전기 신호를 주고받는데, 그 과정에서 많은 정보들을 기억하거나 판단하거나 명령을 내리거든. 사람의 머릿속 신경들이 전기 신호를 주고받는 모습이 복잡한 그물처럼 생겼다고 해서 신경망이라고 해. 실제로 사람 머릿속을 볼 수 있다면 밤하늘의 별들이 반짝이는 것처럼 생겼다고 표현하기도 한단다."

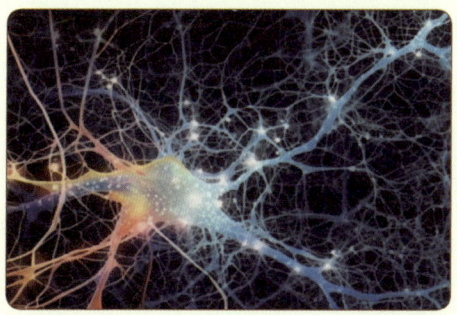

사람의 머릿속 뇌 신경들이 전기 신호를 주고받는 모습(미드저니로 생성한 이미지)

"와, 진짜 신기한데 예쁘기까지 해요."

"사람 머릿속에 있는 신경망을 따라서 만든 게 인공지능의 인공신경망이군요!"

"지구상의 살아 있는 생명체 중에 가장 머리가 좋은 존재는 뭘까?"

"사람이요. 사람이 가장 똑똑해요."

재혁이가 손을 들고 대답했다.

"처음 컴퓨터를 만든 사람은 기계도 사람처럼 똑똑하면 좋겠다고 생각했단다. 그렇게 만든 개념이 인공지능이지. 그리고 인공지능이 사람처럼 똑똑해지려면 사람의 머릿속에서 이루어지는 과정을 따라 하게 만들어야겠다고 아이디어를 낸 거야. 그렇게 사람 머릿속 신경망처럼 인공지능에게도 인공신경망을 만들어 주게 된 거지."

"'사람을 흉내 내서 기계를 사람처럼 똑똑하게 만든다.'라니, 뭔가 쉬우면서도 맞는 말 같아요."

"그럼 우리가 쓰는 인공지능은 얼마나 똑똑한지 계속 캐릭터를 만들면서 확인해 볼까?"

"네, 선생님, 얼른 계속해요."

민희의 독촉을 받은 공쌤이 고개를 끄덕였다.

"이제 선생님 사진을 찍어 볼게. 사진을 찍을 때는 큰 동그라미 안에 자신의 얼굴이 들어가야 해. 그리고 작은 동그라미 두 개가 보일 거야. 거기에 눈이 맞춰지도록 위치를 앞뒤로 조절해 봐."

"이제 맞아요. 그럼 사진 찍나요?"

"잘 맞았으면 웃는 표정을 짓고 사진을 찍으면 돼. 하나, 둘, 셋, 찰칵! 어때? 사진 잘 찍혔으려나~."

　공쌤이 해맑은 표정으로 사진을 찍자 아이들이 재밌어 보이는지 한참 깔깔대며 웃었다. 어떤 아이들은 우는 표정이나 화난 표정도 해 보고 싶다고 얘기했다.

"선생님이 처음 가져온 '기본 캐릭터'와 '선생님 닮은꼴 캐릭터'를 비교해 볼까? 지금부터 어떤 점이 바뀌었는지, 어떤 점은 똑같은지 틀린 그림 찾기를 해 보자."

"캐릭터가 바뀌었어요. 진짜 공쌤 닮았어요."

  공쌤은 아이들이 두 캐릭터를 비교해 볼 수 있게 3분 정도 시간을 주고 기다렸다. 아이들은 갑자기 게임을 해서 신났는지 숨죽인 채 집중해서 틀린 부분을 찾기 시작했다.

"어때? 구별이 잘 되니? 먼저 바뀐 점을 찾아볼까?"

"일단 선생님처럼 수염이 생겼고, 안경도 없었는데 생겼어요."

"머리 모양이 바뀌었어요. 그런데 선생님 머리 모양이랑 완전 똑같지는 않아요. 그래도 바꾸려고 노력한 것 같아요."

"음, 그리고 표정이 바뀌었어요. 눈웃음을 짓고 있어요."

"그러고 보니 입도 벌리고 있어요. 입안이 다 보일 것 같아요."

"다들 정말 잘 찾네. 사실 이 인공지능은 너희들이 말한 것뿐만 아니라 피부색을 판단해서 캐릭터에 적용해 주는 기능도 갖고 있어."

"그럼 화장하고 사진을 찍으면 피부가 더 밝게 바뀌겠어요."

  지원이가 화장하는 흉내를 냈다.

🧑‍🦳 "그렇지. 인공지능은 카메라로 찍은 사람의 얼굴 사진을 보고 특징을 찾아내. 너희들이 말한 머리 모양, 수염, 안경, 눈 모양, 입 모양, 피부색 같은 특징들을 말이야. 그리고 그것들을 캐릭터 얼굴에 적용하지."

👦 "그 과정이 1분도 안 걸린 거네요. 전문가가 했어도 10분은 걸렸을 것 같아요. 제가 했으면 1시간도 넘었겠고요."

🧑‍🦳 "만약에 캐릭터가 가진 머리 모양이 좀 더 다양했다면 선생님 머리 모양이랑 비슷하게 적용해 줄 수 있었을 거야."

👧 "그런데 배경이랑 캐릭터의 옷이나 동작 같은 건 바뀌지 않았어요. 인공지능이 얼굴만 인식했나 봐요."

🧑‍🦳 "맞아. 선생님이 큰 동그라미에 얼굴을 맞추고, 작은 동그라미들에 눈을 맞췄잖아. 이 기능은 사람의 얼굴을 인식해서 캐릭터에게 적용해 주는 인공지능 기술이야. 그래서 캐릭터의 목 아랫부분은 바뀌지 않은 거지."

👦 "인공지능도 보고 싶은 것만 보나 봐요."

창훈이의 개구진 말에 아이들이 한껏 깔깔대며 웃었다.

🧑‍🦳 "인공지능에게 좀 더 똑똑한 일을 시키기 위해서 보고 싶은 것만 보게 하는 기술도 중요해."

👧 "선생님, 저희도 자기 얼굴 닮은 캐릭터를 만들고 싶어요."

"그래, 이제부터 직접 자기 캐릭터를 만들어 보자. 중간에 인공지능이 얼굴을 인식하지 못하면 카메라 방향을 바꾸면 돼. 햇빛을 많이 받으면 얼굴을 알아차리기 어려울 수 있거든."

아이들이 신나서 자기 사진을 찍기 시작했다. 웃는 표정, 화난 표정, 찡그린 표정, 미소 짓는 표정 등 다양한 표정을 지어 보기도 하고, 노트북을 들고 교실 이곳저곳을 다니며 찍기도 했다.

공쌤의 꿀팁!

재미있는 표정의 캐릭터 만드는 방법

1. 얼굴에 닿는 빛의 양에 따라 캐릭터의 피부색이 바뀌어요.
   - 어두운 곳에서 찍으면 피부색이 어둡게 나오고, 적당한 빛을 받으면 피부색이 밝게 나옵니다.
2. 카메라의 각도를 다르게 하면 캐릭터의 머리숱이 달라져요.
   - 얼굴보다 밑에서 찍으면 머리숱이 없는 캐릭터가 나올 확률이 높습니다.
   - 얼짱 각도(얼굴보다 위에서)로 찍으면 머리숱이 많은 캐릭터가 나옵니다.
3. 눈을 크게 뜨거나 입을 벌려 보세요.
4. 웃는 표정, 화난 표정, 찡그린 표정 등 다양한 표정으로 캐릭터의 표정을 바꿔 보세요.

이 책에 쓰인 아이들의 캐릭터는 바로 이 수업 시간에 만들었다.

공쌤	준형	시윤	창훈
재혁	지원	아람	민희

아이들은 처음부터 자기랑 닮은 캐릭터를 고르기도 하고, 자기 얼굴에 동물이나 아기 캐릭터를 적용해 보기도 했다.

"만약에 너희들이 닮은꼴 캐릭터를 직접 그린다면 시간이 얼마나 걸릴까?"

"그리다가 잘 안 되기도 했을 테고, 오래 걸려서 힘들었을 것 같기도 해요."

"전달하고 싶은 이야기가 있는데 그림 실력이 안 돼서 못 한다면 웹툰을 끝까지 그리려고 했을까? 이런 고민들을 하다가 이번 수업을 준비하게 되었단다. 인공지능이 우리에게 어떤 도움이 될지 기대하면서 다음 시간에 또 해 보자!"

공쌤이 갑자기 눈을 동그랗게 뜨며 손뼉을 쳤다.

"맞다, 다음 시간 전까지 숙제가 있어!"

"원래 공쌤반은 숙제 별로 없잖아요! 그럼 재밌는 숙제로군요?"

"아람이는 역시 눈치가 빨라. 오늘 배운 닮은꼴 캐릭터 만들기 방법을 이용해서 숙제를 줄 거야. 바로바로바로~ 가족 사진 만들기!"

"가족 사진 찍으려면 옷 챙겨 입고 머리 단정하게 하고……. 할 일이 많은데 투닝을 이용하면 재밌게 찍을 수 있을 것 같아요."

"저희 집은 동생까지 다섯 명이에요."

"가족의 형태는 매우 다양하니까 같이 찍고 싶은 가족끼리 만들어도 돼. 그리고 배경으로는 집 어디든 상관없으니까 사진으로 찍어서 올리면 좋겠다."

아이들은 각자 집으로 가서 가족들과 사진을 찍고, 인공지능으로 가족 캐릭터 사진을 만들어 왔다.

03

대사 만들기
텍스트에서 감정 정보를 찾는 인공지능

- "지난 시간에 자기 캐릭터 만들었던 것 기억나니? 너희들 사진이랑 같이 놓고 보니까 어땠어?"
- "정말 친구들 얼굴이랑 닮은 느낌이 들었어요."
- "공쌤반 단체 사진을 만화로 그린 것 같았어요."
- "이번 시간에는 웹툰을 만들 때 꼭 필요한 기능을 알려 줄 거야. 우리가 웹툰을 만들 때 얼굴 외에 또 어떤 것들이 필요한지 얘기해 볼까?"
- "웹툰에는 등장인물의 대사와 그에 어울리는 동작이 필요해요."

아람이가 큰 소리로 대답했다.

🧑 "그렇지. 등장인물이 '안녕'이라고 말하는데 손을 흔드는 동작이 아니라 계속 차렷만 하고 있으면 어떨까?"

👦 "아마 등장인물이 로봇이라고 생각할 거예요."

👦 "사람처럼 생겼으니까 로봇까지는 아니더라도 재미없는 웹툰이라고 생각할 것 같아요."

🧑 "맞아. 등장인물이 대사에 어울리는 표정과 동작을 해야 독자들도 더 재미있게 보겠지? 그래서 오늘은 각 장면에 등장인물의 대사를 적고 그에 맞는 행동으로 바꿔 주는 인공지능 기능을 배워 볼 거야."

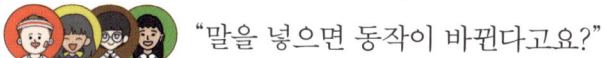 "말을 넣으면 동작이 바뀐다고요?"

아이들은 이해가 안 된다는 듯 고개를 갸웃거리며 공쌤을 쳐다봤다.

🧑 "우선 지난 시간에 만든 각자의 캐릭터를 가져오자. 이제 대사를 넣어 볼게. 화면 왼쪽에 다양한 도구 모음들이 보일 거야. 그중에 텍스트를 눌러 볼까? 거기에 '말풍선체'가 보이지? 그중에 '할 말이 있어'라고 적힌 것을 클릭하면 자동으로 캐릭터 옆으로 옮겨질 거야."

👧 "말풍선이랑 대사가 캐릭터랑 겹쳐요!"

👧 "마우스로 하나씩 옮겨 봐. 말풍선이랑 대사랑 따로 옮길 수 있어."

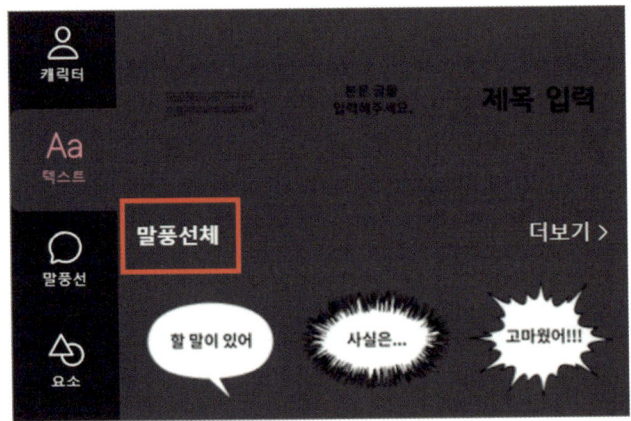

"이제 대사를 클릭해서 내용을 바꿔 보자. '안녕, 만나서 반가워.'를 쓰고 나서 'AI 버튼'을 클릭하면 어떻게 될까?"

얼굴만 바뀐 캐릭터	대사에 맞게 동작이 바뀐 캐릭터

"와, 엄청 신기해요. 동작이 바로 바뀌었어요."

"선생님, 저는 동작이 마음에 안 들어요. 바꿀 수는 없나요?"

"그러면 'AI 버튼'을 다시 눌러 봐. 누를 때마다 동작이 바뀌니까 마음에 드는 동작이 나올 때까지 계속 누르면 돼."

"지원이가 잘 찾았네. 다들 어떠니? 순식간에 대사에 어울리는 표정과 동작으로 바뀌는 걸 확인했니?"

"네, 대사에 어울리게 표정이 바뀌는 게 신기해요."

흥분한 아람이의 목소리가 살짝 올라갔다.

"이 인공지능은 우리가 적는 텍스트를 공부해서 배웠어. 특히 텍스트에 나오는 감정 정보를 구분해서 학습했지."

"감정 정보요?"

재혁이가 눈을 크게 떴다.

"음, 예를 들어 볼까? 너희들은 친구랑 대화하면서 어떻게 상대방의 감정을 알아채니?"

"그거야 쉽죠. 풀이 죽어서 표정도 안 좋고, 목소리도 평소 같지 않아요. 소리도 작고요. 그래서 '휴~'라고만 해도 '이 친구한테 뭔가 안 좋은 일이 있구나.' 하고 알아채죠."

"방금 지원이가 말했듯이 우리는 친구 목소리만 들어도 금방 알아. 거기다가 풀이 죽은 표정까지 더해지면 상대방의 감정을 확실히 알 수 있어. 그런 점들을 생각하면 목소리로만 주고받는 대화에서 인공지능이 감정 정보를 구분하는 건 굉장히 어려운 일이지."

"인공지능은 목소리를 듣고 감정을 읽어 내는 게 힘든가요?"

시윤이의 목소리엔 호기심이 가득 담겨 있었다.

"사람의 목소리에는 다양한 정보가 담겨 있어. 일단 사람마다 음색이 다르고, 목소리에 특징이 있지. 그리고 실제로 사람이 하는 말에는 억양이나 소리의 높낮이, 소리의 크기 등 다양한 정보가 들어 있어서 인공지능이 공부해야 할 양이 정말 많단다."

"하긴 저희도 갓난아기였을 때는 말이 안 통해서 울기만 했었죠. 어느 정도 나이를 먹어서야 부모님과 조금씩 이야기하게 된 거잖아요."

"맞아, 그리고 말 속에 담긴 감정들을 이해한 것은 더 후의 일이고."

"그렇지. 반면에 인공지능이 텍스트 안의 감정 정보를 찾는 일은 오히려 더 쉬울 수 있어. 인공지능처럼 텍스트에 있는 감정 정보를 같이 찾아볼까?"

"'안녕, 만나서 반가워.'에는 기쁨이라는 감정 정보가 들어 있어요."

준형이의 말이 끝나기가 무섭게 창훈이가 말했다.

- "'난 오늘 스트레스가 많이 쌓였어.'에는 힘들고 슬픈 감정 정보가 담겨 있어요."
- "둘 다 잘했어. 인공지능에게 텍스트에 적힌 단어들이 어떤 종류의 감정인지 구분할 수 있도록 학습시켜 놓으면 새로운 텍스트가 나왔을 때 어떻게 될까?"
- "어떤 감정에 속하는지 구별하게 돼요."
- "그렇게 인공지능이 데이터를 분류하도록 하는 학습 방법을 **지도학습**이라고 해."
- "저 지도학습 알아요. 데이터를 인공지능에게 학습시킬 때 문제와 정답을 같이 알려 줘서 구분하게 하는 거라고 배웠어요."

공쌤이 지원이를 향해 엄지손가락을 들어 보였다.

- "맞아, 투닝에 쓰인 인공지능은 텍스트를 입력할 때 먼저 어느 감정에 속하는지 알려 주고, 구분할 수 있도록 한 거야."
- "그러면 캐릭터의 동작은 왜 바뀌는 거예요?"
- "감정과 캐릭터의 표정, 동작을 연결해 놓으면 되지 않을까? 슬플 때는 우는 표정과 무릎 꿇는 동작을 하도록 연결해 놓으면 될 것 같아."

"그렇지. 사용자가 단어나 문장을 입력하면 그 속에 있는 감정을 구분하고, 그에 따라 각 감정에 연결된 표정과 동작으로 바꿔 주는 거야."

"아하, 그래서 제가 '화났어.'라고 적으니까 표정을 찌푸렸군요."

"맞아요! 저는 '힘들어.'라고 했더니 저를 닮은 캐릭터가 앉아서 울고 있었어요."

공쌤이 아이들을 보며 환하게 웃었다.

"다들 대단한 경험을 했네. 그럼 이제 캐릭터를 가지고 자유자재로 움직일 수도 있겠는걸?"

"에이, 그래도 아직 필요한 게 많아요. 제가 웹툰을 많이 봐서 아는데, 일반적으로 웹툰에는 등장인물이 일단 많아야 돼요."

"야, 그러면 다른 캐릭터들 많으니까 가져오면 되잖아."

"'야'라니! 공쌤이 친구에게 알려 줄 때는 상냥함으로 무장해서 친절하게 알려 주라고 하셨잖아."

"아, 맞다! 친구야~, 다른 캐릭터도 많으니 거기서 골라 가져오렴."

공쌤반 아이들이 서로 흉내 내며 키득거렸다.

"새로운 캐릭터를 가져오는 것도 좋은 아이디어야. 그런데 같은 캐릭터를 가져와서 여러 번 쓰더라도 다른 모습으로 보이게 만들고 싶다면 어떻게 해야 할까?"

"저는 똑같은 옷을 입은 친구를 두 명 만들려고 제 표정을 다르게 지어서 찍었어요."

"와, 기발한데? 또 다른 아이디어 있니?"

"저는 저랑 제 짝꿍 얼굴을 찍었더니 옷은 똑같은데 전혀 다른 캐릭터가 나왔어요. 저는 하얗게, 짝꿍은 시커멓게 나왔어요."

아이들이 "어디? 어디?" 하면서 서로 구경하려고 자리를 옮겨다녔다.

"많은 시도를 해 봤구나. 같은 캐릭터라고 해도 다른 사람의 얼굴을 찍어서 적용하면 새로운 캐릭터들을 만들어 낼 수 있을 거야. 짝꿍이나 모둠의 친구들 얼굴을 빌려서 다양한 캐릭터를 미리 만들어 놓으면 좋을 것 같네. 필요하다면 가족 얼굴도 빌려 보자."

04

웹툰 장면 만들기
'레이어'는 아파트!

🧑‍🦱 "오늘은 본격적으로 웹툰의 장면 하나를 만들어 보자."

👦 "이제 저도 웹툰을 그릴 수 있나요? 정말 기대돼요!"

👦 "지금까지 인공지능을 활용해서 닮은꼴 캐릭터 만들고, 대사에 따라 동작들이 바뀌는 걸 했는데 오늘은 뭘 배울까?"

👧 "웹툰을 그리려면 인물 말고도 배경이 필요하지 않을까?"

아이들은 대화를 통해 지금까지 배운 내용을 확인하고, 앞으로 배울 내용을 예상해 보았다.

🧑‍🦱 "너희들이 점점 발전해 가는 모습을 보니 참 뿌듯하구나. 오늘은 이

야기를 만드는 기본 3대 요소 중에서 배경에 대해 배울 거야."

 "3대 요소가 뭐예요?"

 "이야기를 만들기 위해서는 인물, 배경, 사건이 필요해. 그리고 웹툰도 마찬가지로 이 세 가지가 필요하지."

 "지난 시간에 인물 만드는 법을 배웠으니 오늘은 배경 만드는 법을 배우는 거네요."

 "맞아, 일단 웹툰의 한 장면을 만들기 위해 먼저 알아야 할 게 있어. 이건 설명을 듣는 것보다 직접 해 보면서 깨닫는 게 더 중요해. 먼저 '배경-기본배경-세 번째 배경'을 클릭해 보자."

 "그림자가 있는 배경이 보여요."

 "이어서 캐릭터도 하나 가져올 거야."

 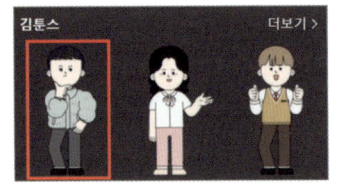 

 "배경 위로 김툰스 캐릭터가 보여요."
 "마지막으로 효과에서 샤방효과로 들어가 예쁜 별 하나를 가져와 볼게. 어때?"

 "어? 이상하다. 캐릭터가 안 보여요."

아이들이 놀란 듯 두 눈만 껌뻑거렸다.

 "오잉? 어떻게 된 걸까? 왜 이렇게 되었을까? 맞혀 볼 사람?"

공쌤이 능청스러운 표정을 지으며 자기는 전혀 모르겠다는 듯 아이들에게 질문했다.

 "저요, 선생님! 캐릭터가 지워진 것 같아요. 캐릭터가 안 보여요."
 "반은 맞았고, 반은 틀렸어."
 "캐릭터가 보이지 않을 뿐 지워진 건 아니라는 뜻인가요?"
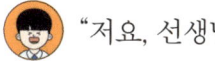 "맞아, 창훈아. 캐릭터는 분명히 존재한단다. 단지 별 모양에 가려졌을 뿐이야."
 "캐릭터가 다시 보이게 하려면 어떻게 해요?"

아람이가 미간을 찡그린 채 말했다.

 "좋은 질문이다. 화면 오른쪽에 보면 '레이어'라는 글자가 보이지? 그걸 눌러 볼래?"
 "제가 가져온 것들이 다 보여요!"
 "샤방효과, 김툰스, 기본배경까지 세 개가 다 보여요."

👴 "화면에는 분명히 김툰스 캐릭터가 안 보이는데 레이어에는 있다고 나오네. 왜 그럴까?"

👦 "샤방효과의 별 모양이 너무 커서 캐릭터가 안 보이는 게 아닐까요?"

👴 "그럼 이제 별 모양 크기를 줄여 보자. 어때, 이제 보이니?"

👦 "별 모양의 크기를 줄이니까 캐릭터가 보여요."

👧 "선생님, 그런데 저 별 모양이랑 캐릭터랑 순서를 바꿀 수는 없나요?"

"와, 민희가 좋은 단어를 말해 줬구나. '순서를 바꾼다'고 했어."

"선생님, 캐릭터가 별보다 밑에 있는 느낌이에요."

"창훈이도 눈치를 챈 것 같네. 다른 친구들도 느낌이 오니?"

"전 아직 무슨 말인지 모르겠어요."

공쌤은 학생들에게 색종이를 나누어 준 뒤 그 위에 책을 올려 놓게 했다.

"자신이 2층짜리 아파트의 옥상에 있다고 생각해 봐. 아파트는 벽과 바닥이 유리처럼 투명해. 그리고 1층에는 색종이를 놓고, 2층에는 책을 놓을 거야. 자리에서 일어서서 바로 밑에 있는 책을 내려다보면 1층에 있는 색종이가 보이니?"

"아니요. 1층에 있는 색종이보다 2층에 있는 책이 커서 색종이를 다 가렸어요. 그래서 맨 위에서 내려다보면 색종이를 볼 수 없어요."

"그렇지, 민희가 말한 것이 바로 '레이어'라는 개념이야. 우리가 앞에서 웹툰을 그렸던 과정을 살펴보자. 기본배경은 1층에 그렸고, 캐릭터는 2층에 그렸지. 별 모양은 3층에 그렸어. 그리고 1층에 그린 배경은 2층의 캐릭터보다 크기가 커서 둘 다 보였지. 그런데 3층 별 모양의 크기가 2층 캐릭터보다 크니까 어떻게 됐지?"

"2층에 있는 캐릭터가 사라졌어요. 사실은 3층 별 모양에 가려서 안 보였던 거지만요."

공쌤이 두어 번 고개를 끄덕였다.

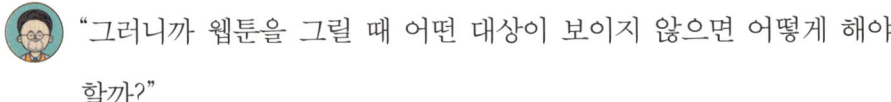
"그러니까 웹툰을 그릴 때 어떤 대상이 보이지 않으면 어떻게 해야 할까?"

"2층과 3층의 순서를 바꿔 주면 될 것 같아요."

"그래, 2층 레이어와 3층 레이어의 순서를 바꿔 주면 해결되지."

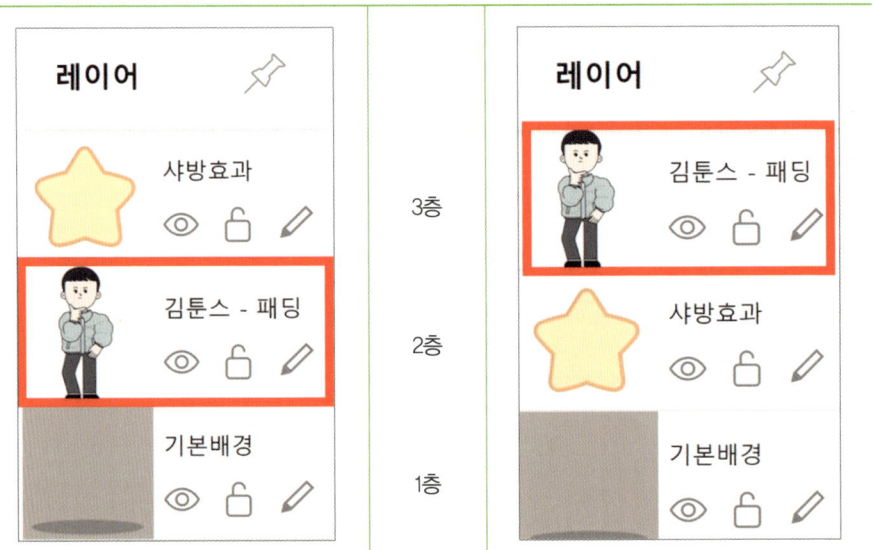

 실제 화면 비교

🙂 "그림의 순서가 앞뒤가 아니라 위아래라고 생각하면 쉽겠어요."
👨‍🦳 "맞아! 웹툰을 만들 땐 생각보다 많은 요소들을 가져오게 될 거야. 배경, 등장인물들과 꾸미는 요소들, 대사, 설명글 같은 것들을 불러와서 하나의 장면을 만들거든. 그러니까 그것들을 잘 배치해야 해."

공쌤이 빙긋 웃으며 아이들을 쳐다봤다.

👨‍🦳 "이제 장면을 하나씩 만들어 보자. 레이어를 몇 층까지 쌓는지 볼까?"
🧑‍🤝‍🧑 "네~, 장면 만들기 시작!"

아이들은 여러 요소들을 가져와 장면을 만들기 시작했다. 캐릭터를 여러 개 가져와 만들기도 하고 배경과 패턴을 넣어서 꾸미기도 했다.

"선생님, 제 것 좀 봐 주세요. 저는 레이어가 4층까지 있어요."

🧑‍🏫 "아람이가 레이어로 문제를 내 볼래?"
👧 "1층 레이어에는 무엇이 있을까요?"
🧒 "학교가 있습니다."
👧 "3층 레이어에는 무엇이 있나요?"
🎓 "샤방효과 별 모양이 있습니다."

아람이가 의미심장한 미소를 지었다.

👧 "자, 이제 어려운 문제입니다. 1층 레이어와 2층 레이어의 순서를 바꾸면 어떤 일이 일어날까요?"

"음……, 패턴배경이 보이지 않을 것 같습니다."

 "이유는요?"

 "학교 배경에 가려져서 안 보이는 것입니다. 물론 패턴배경이 사라진 건 아닙니다."

 "잘했어, 애들아. 다들 레이어 개념을 확실히 이해한 것 같다. 아주 훌륭해~! 다음 시간에는 나만의 웹툰 이야기를 만들어 보자."

05

웹툰 작가 되기
신나는 이야기 만들기

"이제 웹툰을 만들 때 필요한 인공지능 기술은 다 이해했으니 실제로 제작해 봅시다. 웹툰을 만들려면 무엇이 필요하죠?"

"일단 그림은 인공지능의 도움을 받아서 그릴 거라서 문제 없을 것 같아요. 또 뭐가 필요할까요?"

"이야기가 필요해요. 웹툰도 이야기가 있어야 더 재미있어요."

"맞아, 이야기가 흥미진진해야 웹툰이 재미있지."

"저희는 '동화 작가 되기 AI 프로젝트 수업'을 하면서 만들어 둔 랜드마크 이야기가 있으니까 그걸 쓰면 되겠네요?"

공쌤은 창훈이의 말에 고개를 끄덕거렸다.

"그래, 그동안 여러 번의 고쳐쓰기를 통해 완성한 이야기로 이번에는 웹툰을 만들어 보자."

"동화랑 웹툰이랑 별로 차이가 없을 것 같은데, 뭐가 다른가요?"

"동화책은 어떤 형식으로 되어 있는지 떠올려 볼래?"

"동화는 글과 장면 그림으로 구성되어 있어요. 글로 된 문장으로 이야기가 진행되고요."

"가끔 주인공들의 대화가 있지만 그리 길지 않아요."

아이들은 자신이 만든 동화책의 내용과 형식을 떠올리며 동화의 특징을 설명했다. 각자 랜드마크 이야기를 담은 동화책을 만들어 봤기에 고개를 끄덕이며 공감할 수 있었다.

"너희들이 평소에 많이 보는 웹툰은 어떤 형식으로 되어 있니?"

"웹툰은 만화라서 그림과 말풍선이 많아요. 그래서 볼 때 즐거워요."

"말풍선의 모양이나 대화 내용으로 캐릭터들의 감정을 표현해요."

"대부분의 웹툰은 이야기와 그림을 한 사람 혹은 두 사람이 작업해. 그래서 이야기만 있어도 그림을 그리는 작화가를 구해서 웹툰을 제작할 수 있어."

"그럼 저희는 이야기를 가지고 있으니까 인공지능에게 그림을 그리도록 시키겠네요!"

평소에 웹툰을 많이 보는 아이들은 직접 만들 수 있다는 말에 신나서 들떠 있었다. 일상생활과 관련된 활동을 할 때면 아이들은 경험이나 생각을 떠올리고 의견이나 대화를 나누는 일에 더 적극적이었다.

 "실제로 웹툰을 만들면서 더 자세히 설명해 줄게. 웹툰 제목은 '하롱베이의 전설'이야."

공쌤은 한 친구의 작품을 화면으로 보여 주면서 설명했다.

웹툰 제작 방법			
순서	그림	레이어	설명
장면 1			이 장면에 들어간 요소는 총 7개이다.

 "다음은 '장면 1'을 만들기 위한 순서란다."

순서	화면	설명
1 배경		'배경' 탭에서 '숲'을 검색한다. 마음에 드는 숲 그림을 클릭한다.
2 캐릭터		'캐릭터' 탭에서 마음에 드는 캐릭터를 고른다. 그 캐릭터를 클릭한다.
3 동작		장면 속 '캐릭터'를 클릭하고 'Back'을 선택해서 캐릭터의 뒷모습을 볼 수 있게 한다. '얼굴 방향'은 왼쪽으로 기울이고 '몸의 방향'은 바로 서게 한다.

장면 1 제작 순서

10 효과	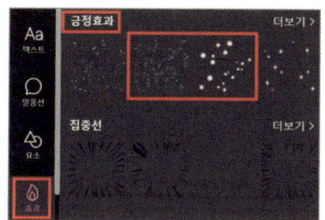	'효과' 탭을 클릭하고 '긍정효과' 중에 마음에 드는 효과 두 가지를 선택한다.
11 완성		가져온 효과의 위치를 나무로 옮겨 주면 '장면 1'이 완성된다.

 "선생님, 장면 만들 때 요령을 하나씩 알려 주셔서 이해가 잘 돼요."

 "'장면 1'이 완성되고 나면 다음 장면 만들 때 '페이지 추가' 버튼을 누르면 되나요?"

 "배경이 다른 장면으로 넘어가는 거라면 '페이지 추가'를 하면 돼. 하지만 다음 장면의 배경이 이전 장면과 같다면 좋은 방법이 있지."

 "와~, 꿀팁인가 봐요. 얼른 알려 주세요."

 "컴퓨터 화면을 다시 볼래?"

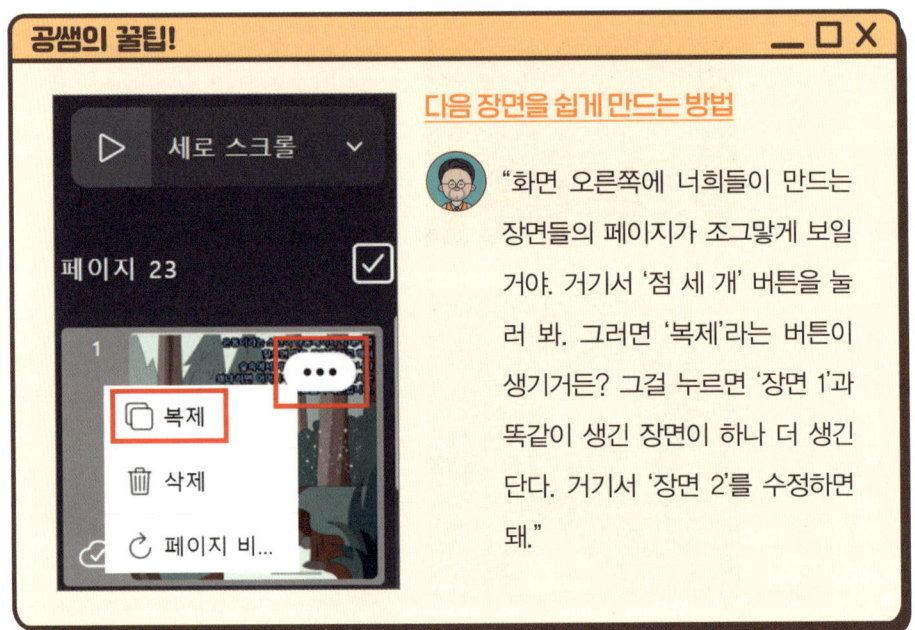

아이들은 이전 프로젝트 수업 때 완성한 랜드마크에 대한 동화를 가지고 웹툰을 만들었다.

하롱 베이의 전설 웹툰(학생 작품)

"다들 웹툰을 완성하느라 애썼어. 이제 마지막으로 웹툰들을 패들렛에 올려서 함께 감상하는 시간을 가져 보자."

"선생님, 패들렛이 뭐예요?"

"인터넷상에서 너희들의 작품을 전시하는 공간이야. 작품을 올리면 언제 어디서든 접속해서 작품을 감상할 수 있어."

"다른 친구들의 웹툰이 궁금했는데 좋은 방법인 것 같아요."

"PPTX를 다운받아서 패들렛에 올리면 대표 이미지가 보인단다. 표지가 자동으로 생기는 거지."

"다운받는 방법을 알려 주세요."

"다시 컴퓨터 화면을 볼까?"

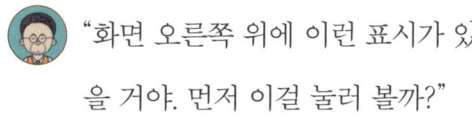
"화면 오른쪽 위에 이런 표시가 있을 거야. 먼저 이걸 눌러 볼까?"

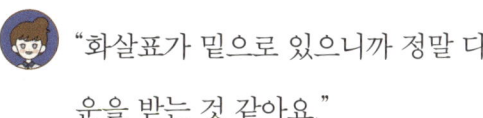
"화살표가 밑으로 있으니까 정말 다운을 받는 것 같아요."

"다운로드 창이 보이면 형식에서 'PPTX'를 선택해 다운받을 수 있어."

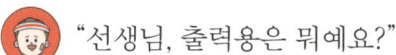
"선생님, 출력용은 뭐예요?"

"출력용은 웹툰을 실제 책으로 만들 때 필요한 기능이야. 유료 버전에서만 쓸 수 있단다."

- "패들렛 게시판에 올렸다. 이제 북 크리에이터로 웹툰을 책으로 만들어 보자."
- "'동화 작가 되기 AI 프로젝트' 수업할 때 배워서 바로 할 수 있어요."
- "그래, 그때는 동화책이였고 이번에는 웹툰 책이니까 형식만 다르게 해 볼까?"
- "선생님, 어떤 형식이요?"
- "북 크리에이터 사이트에 접속하고 공쌤반 도서관으로 들어가자."

 "'웹툰책방'이라고 있을 거야."
 "'공쌤반 웹툰책방'이 보여요. 클릭할게요."

 "노란색의 '+뉴북+New Book' 버튼을 클릭해 볼까?"

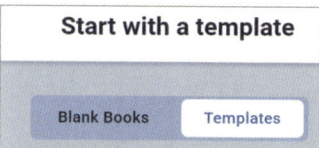 "선생님, 영어로 되어 있어요."
 "그래도 당황하지 말고~ '템플렛 Templates'을 눌러 봐."

 "'쿡북 Cookbook'이 보이니?"
 "요리책인데요?"
 "형식만 가져와서 쓸 거라서 뜻은 신경 안 써도 돼."

 "저희가 점점 유명한 작가가 되어 가는 것 같아요. 동화책에 이어 웹툰 책까지 만들 수 있다니!"

 "선생님도 뿌듯하네."

아이들은 저마다 PPTX 파일로 받은 자신의 웹툰을 북 크리에이터 형식으로 옮겨서 수정했다.

[공쌤반] 전 세계 랜드마크 웹툰 책 전집

도서명	사그라다 파밀리아의 전설	테이블 마운틴 요정을 구하려는 용감한 소녀
책 표지		
도서명	에펠탑에 오르고 영웅이 된 에디	세렝게티 국립공원의 기린과 새미
책 표지		

도서명	자유의 여신상을 깨운 리버티	오사카성 보물찾기
책 표지		
도서명	콜로세움에 간 김마리	모아이 석상의 음악회
책 표지		
도서명	지아, 치첸이트사의 선을 조사하다	노이슈반슈타인 성 안의 아지트
책 표지		
도서명	블루 모스크에 방문한 손님들	타지마할을 건설한 요리사
책 표지		

보너스 프로젝트
실전, 이제 나도 웹툰 작가!

실제로 여러분이 직접 해 보는 시간입니다! 지금부터 칠판에 적힌 제목들을 참고해서 나만의 재미있고 개성 넘치는 이야기들을 만들어 봅시다.

1) 일기처럼 오늘 있었던 일을 웹툰으로 만들기
2) 나의 꿈에 대해 발표하기
3) 미래 직업의 명함 만들기
4) 친구나 부모님께 쓰는 감사 편지
5) 성탄절에 쓰는 크리스마스 카드
6) 학생 인권 보호나 환경 보호를 위한 캠페인 포스터 만들기
7) 학교 수업 시간에 배운 내용을 웹툰으로 만들기
8) 재미있는 글짓기 주제
   - 학교 운동장에서 석유를 발견한다면 무슨 일이 생길까?
   - 내가 매일 앉는 의자는 무슨 생각을 할까?
   - 물속에서 숨을 쉴 수 있다면 어떤 일들을 하고 싶은가?

- 내가 산타 할아버지라면 누구에게 선물을 주고 싶은가?
- 모기에게 보내는 협박 편지를 적어 보자
- 초등학교 7학년이 생긴다면 학교 생활은 어떻게 바뀔까?
- 어제 내가 먹었던 치킨의 삶에 대해 적어 보자
- 나에게 1000만 원이 생기면 어떤 일이 일어날까?
- 학교 옥상에 무엇이든 지을 수 있다면 어떤 것을 지을까?
- 내 신발에게 사과 편지를 쓰자
- 방학을 끝내고 왔더니 학교 운동장에 아이스링크가 생겼다면 어떻게 할 것인가?
- 무엇이든 이루고 싶은 세 가지 소원을 갖는 이야기
- 날개가 생기면 불편한 점과 편한 점에 관한 이야기

 너는 창의력과 상상력이 풍부한 열 살 소녀로 설정해 줘. 나는 교사로서 다음과 같은 글짓기 주제를 숙제로 줄 거야. '물속에서 숨을 쉴 수 있다면 어떤 일들을 하고 싶나요?'라는 주제로 글짓기를 해 봐.

저는 창의력과 상상력이 풍부한 열 살 소녀입니다. 만약 물속에서 숨을 쉴 수 있다면, 저는 어떤 일들을 하고 싶을까요?

 파란 물결이 내 몸을 감싸고, 물속에서 자유롭게 움직이는 모습을 그려 봅니다. 천천히 숨을 쉬며 물속에 빠져들면, 새로운 세계가 펼쳐질 것 같아요. 물속 세계에서 제가 하고 싶은 여러 가지 일들을 생각해 봤어요.

첫 번째로, 물속에서의 여행을 그려 봅니다. 아름다운 색상의 작은 물고기들과 함께 수중 동물들을 만나 놀 수 있을 거예요. 예쁜 해파리들이 물 위를 헤엄치며 아름다운 빛을 발하고, 작은 바닷속 식물들이 은은한 향기를 풍기면서 제게 다가올 것 같아요. 그리고 해저 동굴을 탐험하며 신비로운 보물들을 찾을 수도 있겠죠.

두 번째로, 물속에서 스포츠와 게임을 즐기고 싶어요. 수영을 하며 물방울을 즐기거나, 서핑이나 잠수를 해 보는 것도 재미있을 것 같아요. 또한 물속에서 친구들과 함께 재미있는 수영 경기를 벌이거나 잠수로 숨겨진 보물을 찾는 게임도 해 볼 수 있겠죠.

세 번째로, 물속에서 동물들과 얘기를 나눌 수 있다면 얼마나 신기할까요! 작은 물고기에게 "안녕하세요!"라고 인사하며 친구가 될 수도 있을 거예요. 물고기들과 함께 노래를 부르거나 이야기를 나누며 물속에서 즐거운 시간을 보낼 수 있을 것 같아요. 또한 물속에 사는 큰 동물들과도 친해지고 싶어요. 상어와 대화를 나누며 그들의 생활을 이해하고 함께 지키는 방법을 배울 수도 있겠죠.

마지막으로, 물속에서 창의력을 발휘하여 예술적인 활동을 할 수도 있어요. 물속에서 춤을 추거나 물고기들의 아름다운 움직임을 따라 그림을 그릴 수도 있겠죠. 물속에서 만든 작품들은 아름다움과 창의력을 나타낼 것이며, 다른 사람들에게도 감동을 전할 수 있을 거예요.

물속에서 숨을 쉴 수 있다면 저는 여러 가지 일들을 할 수 있을 것 같아요. 물속에서의 여행, 스포츠와 게임, 동물들과의 교류 그리고 창의적인 예술 활동까지 다채로운 경험을 쌓을 수 있을 거예요. 현실에서는 물속에서 숨을 쉴 수 없지만, 상상력과 꿈은 항상 제게 새로운 세계를 열어 줄 수 있어요. 그래서 저는 항상 꿈을 꿔요.

이 내용을 참고해서 웹툰을 만들려고 해. 몇 장의 그림이 필요한지 알려 줘. 그리고 각 그림마다 어떤 내용인지 자세히 설명해 줘.

네, 웹툰을 만드는 아이디어를 활용하여 여러 장면을 그려 보는 것은 좋은 아이디어입니다. 아래에 몇 가지 그림 아이디어와 간단한 설명을 제시해 드리겠습니다. 이는 물속에서의 여행과 놀이를 중심으로 한 이야기를 그림으로 표현하는 데 도움이 될 수 있습니다.

그림 1: 주인공이 파란 물결에 감싸인 상태로 물속으로 들어가는 모습을 그려 주세요. 주인공이 물속으로 들어가는 순간을 표현하여 설렘과 신비로움을 담아내면 좋을 것 같습니다.

그림 2: 물속에서 다양한 동물들과 함께 수영하는 장면을 그려 주세요. 작은 물고기들과 함께 수중에서 즐겁게 놀고 있는 주인공의 모습을 담아내면 좋을 것입니다.

그림 3: 주인공이 물속에서 수영 경기를 하는 장면을 그려 주세요. 친구들과 함께 경쟁하고 있는 모습이나 주인공이 기뻐하는 모습을 표현해 보세요.

그림 4: 주인공이 물속에서 작은 물고기와 대화를 나누는 장면을 그려 주세요. 주인공과 물고기가 서로를 바라보며 대화하고 있는 모습을 표현하여 귀여움과 친근함을 전달해 보세요.

그림 5: 주인공이 물속에서 예술적인 활동을 하는 장면을 그려 주세요. 춤을 추거나 그림을 그리는 주인공의 모습을 담아내면서 물속의 아름다움을 창의적으로 표현해 보세요.

순서

1) 영상을 만들어 주는 인공지능이 있다고?
2) 인공지능, 과연 편하고 좋기만 할까?
3) 애니메이션 시사회

사용 프로그램

- 투닝
- 브루(VREW)
- 구글 드라이브(Google Drive)

3장

애니메이션 감독이 되어 보자!

전 세계 랜드마크 스토리텔링 AI 프로젝트 ③

01

영상을 만들어 주는 인공지능이 있다고?

'전 세계 랜드마크 스토리텔링 AI 프로젝트'의 마지막 수업이자 새로운 수업이 시작되었다. 공쌤이 컴퓨터에 애니메이션과 관련된 영상을 틀었다. 하나의 캐릭터가 움직이는 모습을 만들기 위해 비슷한 그림을 매우 많이 그린 뒤 차례대로 넘기는 내용을 담은 영상이었다.

"어때, 얘들아? 애니메이션 만들기가 쉬워 보이니?"

"선생님, 저렇게 하려면 비슷한 그림들을 엄청 많이 그려야 할 것 같아요."

"하지만 우리는 그림을 많이 그리지 않고도 애니메이션 영상을 만들 수 있단다."

"그런데 애니메이션을 만들려면 만화가 있어야 하지 않나요?"

창훈이가 생각났다는 듯 손뼉을 크게 한 번 쳤다.

 "아! 우리 웹툰 만들었잖아. 그걸 이용하면 안 될까?"
 "그래, 애니메이션에 사용될 웹툰을 먼저 다운받아 보자."
 "선생님, 이번에는 어떤 형식으로 다운받아야 되나요?"
 "장면 하나하나가 필요하기 때문에 그림PNG 형식으로 다운받을 거야. 우선 투닝에 다시 들어가 볼까?"

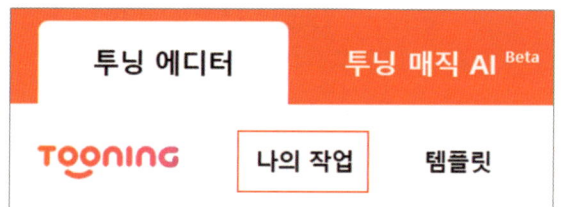

 "'나의 작업'으로 들어가면 되죠?"
 "영상을 만들려면 재료가 있어야 하니까 내 작품을 클릭해 보자."
 "투닝 작품이 보여요. 참 열심히 만들었어요. 다시 생각나요."

 "다운로드 버튼 기억나니?"

 "그럼요! 화살표가 아래로 되어 있잖아요."

 "그렇지. 그 상태에서 '웹용-PNG-다운로드'를 차례대로 선택하면 된단다."

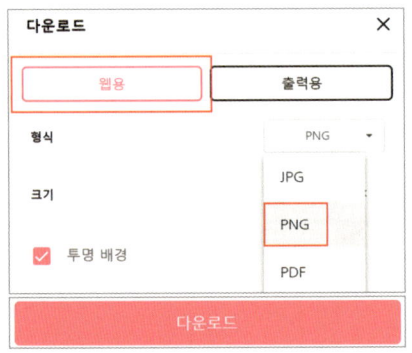

 "선생님, 웹툰 그림들이 한 번에 모두 다운받아졌어요. 저는 33페이지나 돼요."

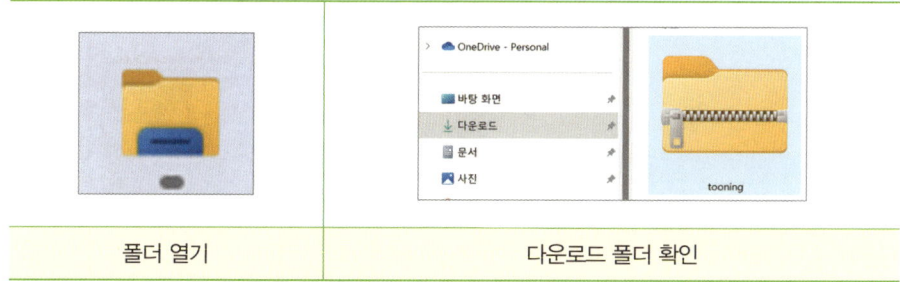

폴더 열기	다운로드 폴더 확인

🧑 "이제 내 컴퓨터의 폴더를 열면 'tooning' 폴더가 보일 거야."

🧑 "폴더 중간에 지퍼처럼 생긴 건 뭐예요?"

🧑 "압축 파일이라는 건데, 파일의 크기를 줄인 거야. 그래서 우리가 그림 파일을 쓰려면 압축된 것을 풀어 줘야 해."

👧 "압축 파일은 어떻게 풀어요?"

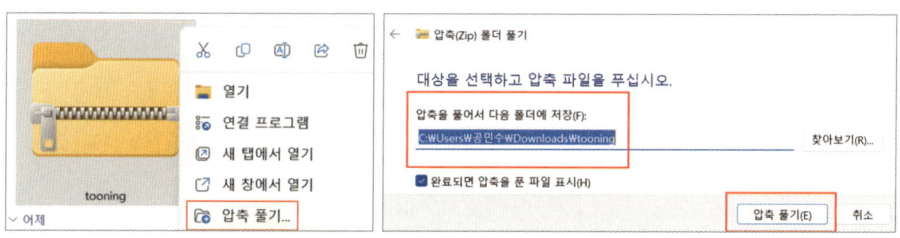

🧑 "압축 파일에 커서를 올려놓고 마우스 오른쪽 버튼을 클릭하면 '압축 풀기'가 보일 거야. 그걸 눌러서 어디에 저장되는지 확인하고 '압축 풀기'를 클릭해."

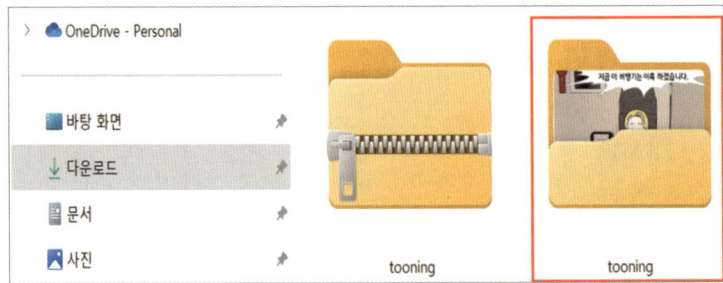

🧒 "오, tooning 폴더가 하나 더 생겼어요. 이제 지퍼는 없고 그림이 살짝 보여요."

👨 "그럼 재료는 다 준비되었으니까 본격적으로 애니메이션을 만들어 볼까?"

👦 "이번 인공지능 이름은 뭐예요?"

👨 "이번에 만날 인공지능은 '브루VREW'라고 해. 이제 화면을 보자."

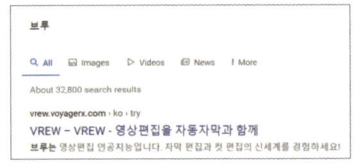

👧 "검색창에 '브루'라고 입력하니까 'VREW'가 나와요."

👨 "브루 첫 화면으로 들어가면 바로 영상을 제작하는 화면이 나오는데, 우리는 자주 쓸 예정이니까 컴퓨터에 프로그램을 다운받을 거야."

"인터넷 창에서 바로 쓸 수도 있어요?"

 "그래. 간편하게 체험만 할 거면 인터넷 창에서 써도 되는데, 우리는 화면 오른쪽 위에 있는 '앱 다운로드'로 다운받을 거야."

 "선생님, 누르자마자 화면 실행 파일이 다운받아져요. 다운이 끝나면 바로 누를까요?"

 "그래, 설치가 완료되면 프로그램을 사용할 수 있어."

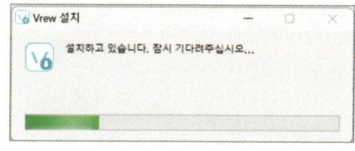

간단한 회원 가입을 하면 로그인 후 바로 사용할 수 있다.

 "이제 브루 프로그램을 실행시키고, 첫 번째 탭에 있는 '새로 만들기'를 눌러 보자. 뭐가 보이니?"

 "기능이 엄청 많아요. 어떤 것부터 해야 해요?"

 "그 전에 고민할 것이 있어. 쉬는 시간을 가진 뒤 다시 알아보자."

02

인공지능, 과연 편하고 좋기만 할까?

- 🧑‍🦳 "어떤 기능부터 쓸지 결정하기 전에 우리의 고민이 무엇인지 먼저 생각해 봤으면 해."
- 👧 "무슨 고민이요?"
- 🧑‍🦳 "애니메이션을 만들다 보면 등장인물이 서로 대화하는 장면들이 나올 거야. 그런데 혼자서 여러 명의 목소리를 낼 수 있을까?"
- 👦 "아니요. 저는 제 목소리랑 할아버지 목소리 흉내만 내요."
- 👧 "음……. 저는 소리를 크게 내는 게 자신 없어요. 제 목소리가 애니메이션에 들어가는 것도 부끄러워요."
- 👦 "누가 대신 등장인물 목소리를 멋지게 내 주면 좋겠어요."

아이들은 앞다퉈 목소리 녹음에 대한 고민들을 털어놓았다. 발표하는 데 두려움이 있는 아이들은 목소리가 영상에 들어가는 일을 어색해했다.

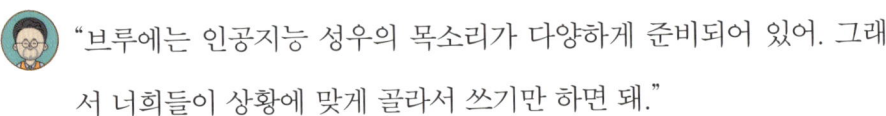"브루에는 인공지능 성우의 목소리가 다양하게 준비되어 있어. 그래서 너희들이 상황에 맞게 골라서 쓰기만 하면 돼."

"와, 정말요? 그럼 그 기능부터 쓰면 되겠어요."

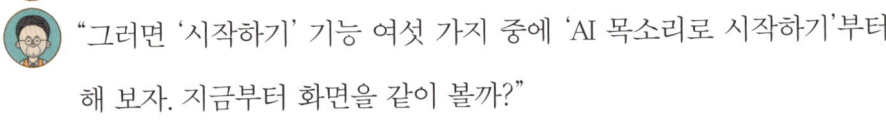"그러면 '시작하기' 기능 여섯 가지 중에 'AI 목소리로 시작하기'부터 해 보자. 지금부터 화면을 같이 볼까?"

 "선생님, 원하는 문구를 쓰래요."
"자신의 웹툰 그림을 보고 어떤 내용을 넣을 건지 생각해서 써 보자."

 "제 첫 장면은 이 그림이거든요. 그러니까 비행기 기장님의 대사를 적어 볼게요."

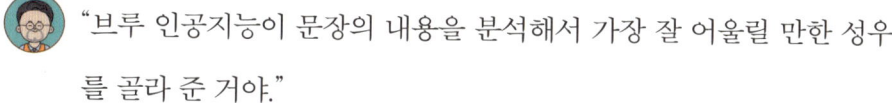

승객 여러분께 안내 말씀 드립니다.
지금 이 비행기는 이륙하겠습니다.

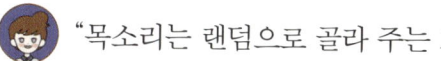

 "'미리 듣기'를 눌러 볼래?"

 "대사에 잘 어울리는 목소리가 나와요!"

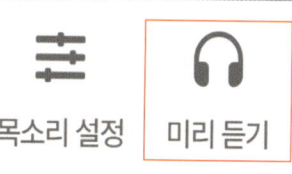 "목소리는 랜덤으로 골라 주는 거예요?"

"브루 인공지능이 문장의 내용을 분석해서 가장 잘 어울릴 만한 성우를 골라 준 거야."

"투닝 인공지능이 캐릭터의 대사 내용에서 감정 정보를 읽어 낸 것과 비슷하네요?"

"그렇지. 그때 투닝 인공지능은 읽어 낸 감정 정보를 어디에 연결했지?"

"동작이요. 그래서 캐릭터의 동작을 바꿔 줬어요."

"아! 여기서는 목소리군요. 텍스트의 정보를 파악한 후에 어울리는 목소리를 찾아서 추천해 주니까요."

지원이가 팔을 쭉 뻗으며 자리에서 벌떡 일어났다.

- "이제 공쌤 대신 인공지능 선생님을 해도 되겠는걸?"
- "감사합니다. 칭찬이시죠? 선생님 덕분에 인공지능도 잘 이해하고, 잘 쓸 수 있게 되었어요."
- "선생님, 혹시 목소리를 직접 선택할 수도 있나요? AI 목소리가 몇 개 나 있는지도 궁금해요. 저는 추천해 주는 목소리도 좋지만 제가 직접 고르고 싶어요."
- "그래, 우리 창훈이의 바람을 이루려면 다시 화면을 봐야겠구나."

- "대사를 입력한 뒤 직접 목소리를 고르고 싶다면 '목소리 설정'을 클릭해 봐."

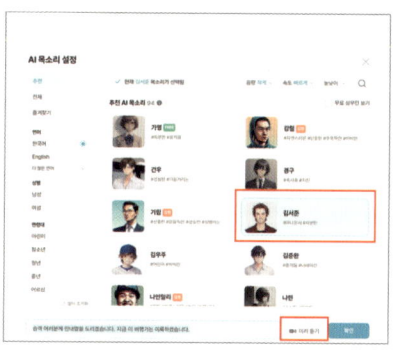

 "우와, 사람이 많아요. 'AI 목소리 설정'이라고 나오네요."

 "여기서는 너희들의 노력이 필요해. 대사에 어울리는 목소리를 찾아볼까?"

 "저는 '김서준'을 골랐어요. 비행기에서 안내 방송하는 스튜어디스 목소리 같아서요."

 "'성우'를 고르고 '미리 듣기' 누르니까 목소리를 들어 볼 수 있어서 좋아요."

 "이제 대사에 어울리는 인공지능 성우 목소리만 잘 찾으면 될 것 같아요. 애니메이션 만들 때 목소리 내는 일에 자신 없는 사람도 인공지능만 있으면 할 수 있겠어요."

 "이 인공지능은 어떤 사람들한테 도움이 될까?"

 "수화로 대화하는 사람들도 인공지능을 이용하면 목소리로 대화할 수 있어요."

"목이 아파서 말하기가 힘들 때 사용해도 좋을 것 같아요."

"그러면 혹시 조심해야 할 부분은 없을까?"

공쌤이 눈을 가늘게 뜨고 물었다.

"보이스 피싱 같은 범죄에 사용될 수 있어요."

"만약에 부모님 목소리로 전화가 온다면 믿을 수밖에 없을 것 같아요."

"새로운 인공지능을 사용하게 될 때는 편리한 점과 함께 조심해야 할 점도 생각하는 게 좋단다."

"맞아요. 사람을 위한 인공지능이 개발되어야 해요."

"다들 이제는 자연스럽게 토의가 되는구나! 잘하고 있어. 이제 화면을 보면서 다음 단계로 넘어가 보자."

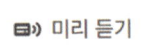 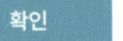   "'미리 듣기'를 눌러서 목소리 선택이 끝났으면 확인을 눌러 보자. 화면이 어떻게 바뀌니?"

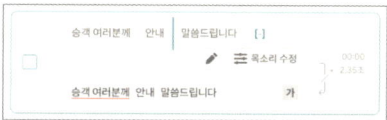
 "두 문장이 한 문장씩 나뉘었어요."

 "자동으로 나뉘었구나. 영상을 나눠서 편집하기 좋겠지."

 "선생님, 그런데 영상에는 목소리가 필요하지만 그림도 필요하잖아요. 제가 만든 장면은 어떻게 넣어요?"

 "화면 왼쪽 위에 있는 '삽입-이미지'를 클릭해 보자."

 "화면 오른쪽에 '나의 애셋'이라는 창이 떴어요."

 "'PC에서 불러오기'를 눌러서 네가 만든 투닝 그림들이 저장된 폴더를 찾아보자."

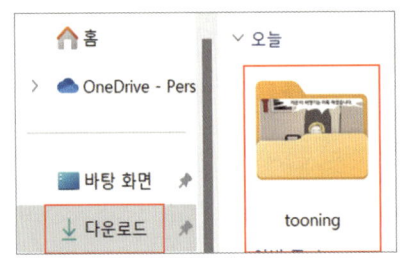

 "아, 다운로드 폴더에 투닝 폴더가 있어요."

 "폴더에 들어가서 그림 전체를 선택해 볼까?"

 "마우스로 드래그 해서 모두 선택했어요."

 "오른쪽 밑에 '열기'를 클릭!"

 "처음에 나왔던 '나의 애셋' 창에 사진이 들어가 있어요."

 "이곳은 브루의 저장 공간이야. 그래서 이제는 사진이나 그림을 영상에 넣을 수 있어. 첫 번째 장면을 넣어 볼까?"

 "저 그림은 마지막 장면이에요. 첫 장면은…… 제일 아래에 있어요."

 "첫 장면을 클릭해 봐."

 "왼쪽 화면에 웹툰 그림이 들어갔어요. 그런데 화면에 꽉 차게 만들어야 할 것 같아요."

 "그러면 세 번째 아이콘을 클릭해 봐. 빨간색 네모로 표시해 뒀어."

 "화면에 꽉 차게 들어갔어요. 오, 엄청 간단하네요!"

 "그럼 이제 '플레이' 버튼을 눌러 볼까?"

 "잘 나와요. 어? 그런데 두 번째 문장은 화면이 갑자기 까맣게 됐어요."

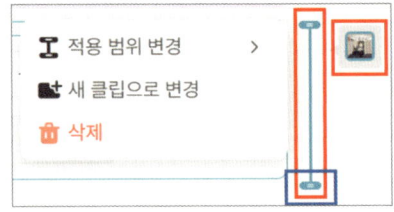

 "그럴 때는 첫 번째 문장의 오른쪽에 보이는 조그만 사진을 클릭해 볼까?"

 "막대기 같은 게 보이네요."

 "막대기 아래쪽을 잡고 아래로 쭉 내려 봐. 그리고 다시 사진을 클릭해 보자."

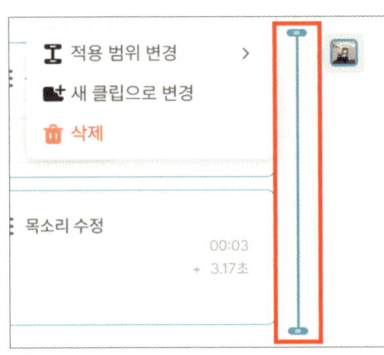

 "오! 막대기가 길어졌어요."

 "이 그림이 두 번째 문장에서도 보일 거야. 다시 '플레이' 버튼을 눌러 보자."

 "와! 지금 그림 한 장으로 6초짜리 영상이 완성되었어요."

 "이제 마지막 단계야. 다음 장면을 추가해 보자. 뭐부터 하면 될까?"

 "AI 목소리가 필요해요."

 "'삽입-AI 목소리-AI 목소리를 새 클립으로 삽입'을 차례대로 눌러 봐."

 "새로운 줄이 생겼어요."

 "여기서부터는 지금까지 한 과정을 반복하면서 영상을 이어 가면 돼."

"어때, 얘들아? 선생님이 아람이랑 했던 순서를 기억할 수 있겠니? 단계별로 정리해 볼까?"

"제일 먼저 '파일-새로 만들기-AI 목소리로 시작하기'를 차례대로 눌러요."

"두 번째, 장면에 필요한 텍스트를 입력해요. 대사나 상황 설명이요."

"세 번째, '미리 듣기'를 눌러서 인공지능이 추천해 주는 목소리를 들어 보고 마음에 들면 엔터키를 눌러요. 마음에 안 들면 '목소리 설정'을 눌러서 'AI 목소리'를 직접 선택해요."

"네 번째, 엔터키를 누른 후에 '삽입-이미지-나의 애셋-PC에서 불러오기'를 차례대로 눌러서 컴퓨터에 저장된 그림을 가져오면 돼요."

"다섯 번째, '플레이' 버튼을 눌러서 영상을 확인해요. 만약 그림이 더 길게 보이길 원하면 화면 오른쪽에 있는 그림을 클릭해서 막대기의 길이를 더 길게 늘려요."

"마지막으로 '삽입-AI 목소리-AI 목소리를 새 클립으로 삽입'을 눌러서 앞에 말한 두 번째 단계부터 반복해요."

아이들은 뿌듯한 눈빛으로 서로를 바라봤다.

"다들 설명을 잘 들었구나. 지금부터 본격적으로 만들어 볼 건데, 그 전에 혹시 질문 있니?"

"선생님, 애니메이션 만들 때 배경 음악이나 효과음 같은 것도 넣을 수 있어요?"

"그럼! 그림을 삽입하듯이 '삽입-배경 음악-음악 선택-삽입하기'를 차례대로 선택하면 바로 넣을 수 있단다."

"일단 애니메이션을 완성하고 마음에 드는 음악이 있으면 넣을게요."

"이제 본격적으로 만들어 보자. 만들면서 잘 안 되거나 궁금한 게 생기면 바로바로 질문해서 해결하자."

"네, 선생님!"

영상 제작은 전문가들만 하는 작업이라고 생각했던 아이들은 직접 만들 수 있다는 사실에 신이 나 큰소리로 대답한 뒤 애니메이션 제작에 들어갔다.

"선생님, 자막 편집은 어디서 해요?"

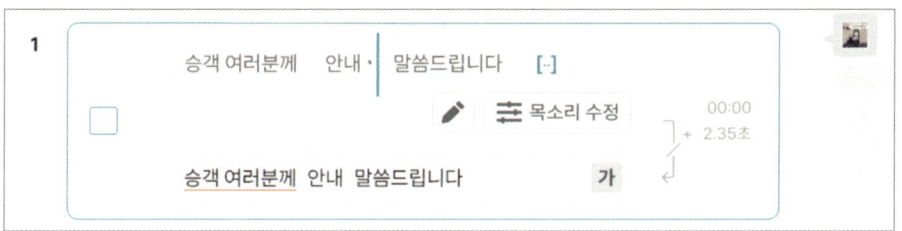

"화면을 보면 똑같은 문장이 위아래로 두 개가 있지? 위에 있는 문장은 영상의 소리를 편집할 수 있는 문장이야. '안내'라는 단어를 지우면 영상에서 더 이상 '안내'가 나오지 않아."

"그러면 아래에 있는 똑같은 문장은요?"

 "아래에 있는 문장은 바로 왼쪽 영상에서 보이는 자막 편집용 문장이야. 아래에 있는 문장을 '공쌤 좋아요.'로 바꿔 볼게. 그러면 왼쪽 화면에 보이는 자막이 어떻게 됐지?"

 "아, 화면에서 자막이 바로 바뀌었어요."
 "계속 만들어 보자. 다 만들고 나면 저장하고 영상으로 내보내는 방법을 알려 줄게."

아이들은 저마다 자신의 웹툰으로 애니메이션 만드는 작업에 열을 올렸다. 정말 감독이 된 것처럼 열심히 편집했다.

 "선생님, 다 끝났어요. 이제 영상으로 내보내는 방법을 알려 주세요."
 "편집한 영상을 다른 사람들이 볼 수 있는 영상으로 만들어야 해. 이

것을 '영상 내보내기'라고 하지. '파일-영상으로 내보내기-내보내기'
를 차례대로 눌러 보자."

"저장할 폴더를 선택하라고 나와요. 저장 누를게요."

"그래, 내보내기를 했다는 메시지가 뜨면 완성된 거야. 폴더를 열어서
영상이 잘 나왔는지 확인해 보자."

"선생님, 영상은 한 번 내보내면 더 이상 편집할 수 없어요?"

재혁이가 머리를 긁적거리며 물었다.

"'프로젝트 저장하기'를 하면 언제든지 다시 영상을 편집할 수 있지."

"프로젝트 저장하기요?"

"브루에서 사용하는 영상 편집 형식인데, '프로젝트'라는 파일 형태로
저장하는 거야. 그러면 그 파일을 불러서 언제든지 편집할 수 있어."

"프로젝트 저장하는 법 좀 알려 주세요."

준형이가 궁금함을 못 참고 공쌤을 독촉했다.

"차례대로 눌러 보자. '파일-프로젝트 저장하기-저장 폴더 정하기-
파일 이름 확인하기-저장' 순서대로 진행하면 프로젝트 파일이 저장
될 거야."

"나중에 다시 편집하려면 어떻게 해요?"

"우선 저장한 프로젝트 파일 위치를 알고 있어야겠지? '파일-프로젝트 열기-찾아보기-프로젝트 파일 선택-열기'를 차례대로 하면 영상 편집을 언제든지 다시 할 수 있어."

"그러면 영상 내보내기를 해서 영상 파일도 저장해 놓고, 다시 편집할 수 있게 프로젝트 파일도 저장해 놓으면 되는 거죠?"

"선생님, 이제 애니메이션 영상 내보내기 다했어요. 어디에 저장할까요?"

"공쌤반 영상 작품들은 구글 드라이브에 올릴 거야. 이건 다음 시간에 같이 배워 보자."

"네~!"

03

애니메이션 시사회

🧑 "오늘은 여러분이 만든 애니메이션들을 한곳에 저장해 놓고 시사회를 열도록 하겠습니다."

👧 "그럼 우리 교실이 영화관이 되는 거예요?"

🧑 "그렇지! 선생님이 구글 드라이브 링크를 줄게."

👦 "구글 드라이브가 뭐예요?"

🧑 "음, 교실에서는 책을 어디에다 보관하지?"

공쌤이 익살맞은 표정을 지으며 아이들에게 질문을 던졌다.

👦 "책을 꽂는 책장에 보관해요."

"구글 드라이브는 인터넷상에 있는 책장이라고 생각하면 돼. 링크만 있으면 누구나 책을 보관하거나 꺼내서 볼 수 있지."

"그러니까 제 영상을 인터넷상에 있는 책장에 보관해 두는 거네요."

시윤이가 고개를 가볍게 두어 번 끄덕였다.

"선생님이 그 책장을 만들고, 거기에 접근할 수 있는 링크를 줄 거야. 그 링크만 있으면 너희들이 만든 텍스트, 이미지, 소리, 영상 파일 들을 저장할 수 있어."

"링크를 알려 주시면 제가 만든 애니메이션 영상 파일을 저장할게요."

"대신 다른 사람의 파일은 지우지 않게 조심해야 한다!"

"네, 알겠어요."

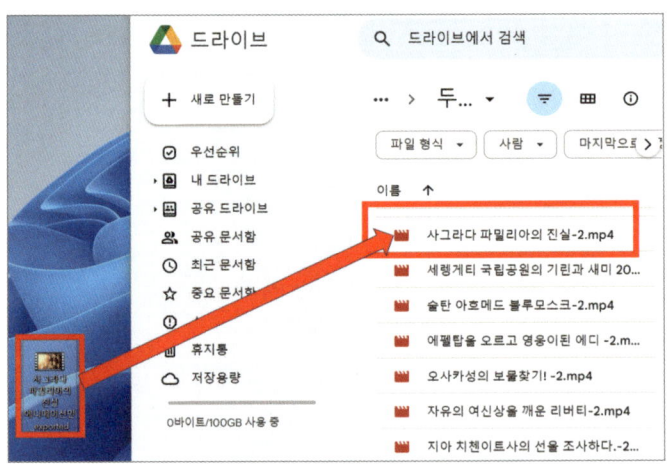

"바탕 화면에 저장된 애니메이션 영상 파일을 구글 드라이브 폴더로 옮겨 볼까?"

"와! 그냥 마우스로 옮기면 바로 업로드가 되네요."

"애니메이션들이 영화관에서 상영될 준비가 끝났네. 이제 시사회를 시작해 보자!"

공쌤은 영화 시사회의 사회자가 되어 학생들에게 재밌는 말투로 얘기했다.

"안녕하세요. 오늘도 공쌤반 영화관을 찾아 주신 여러분께 감사 인사를 전합니다. 오늘은 특별히 전 세계 랜드마크를 주제로 애니메이션을 제작하신 감독님들을 모시고 시사회를 진행하려고 합니다!"

"제가 그 감독입니다."

창훈이가 자리에서 일어나 갑자기 인사를 하자 아이들이 웃었다. 그리고 너도나도 일어나서 감독이라며 인사하기 시작했다.

"네, 많은 감독님들이 참석해 주셨군요. 지금부터~ 애니메이션 시사회를 시작하겠습니다!"

 "와, 시작이다~!"

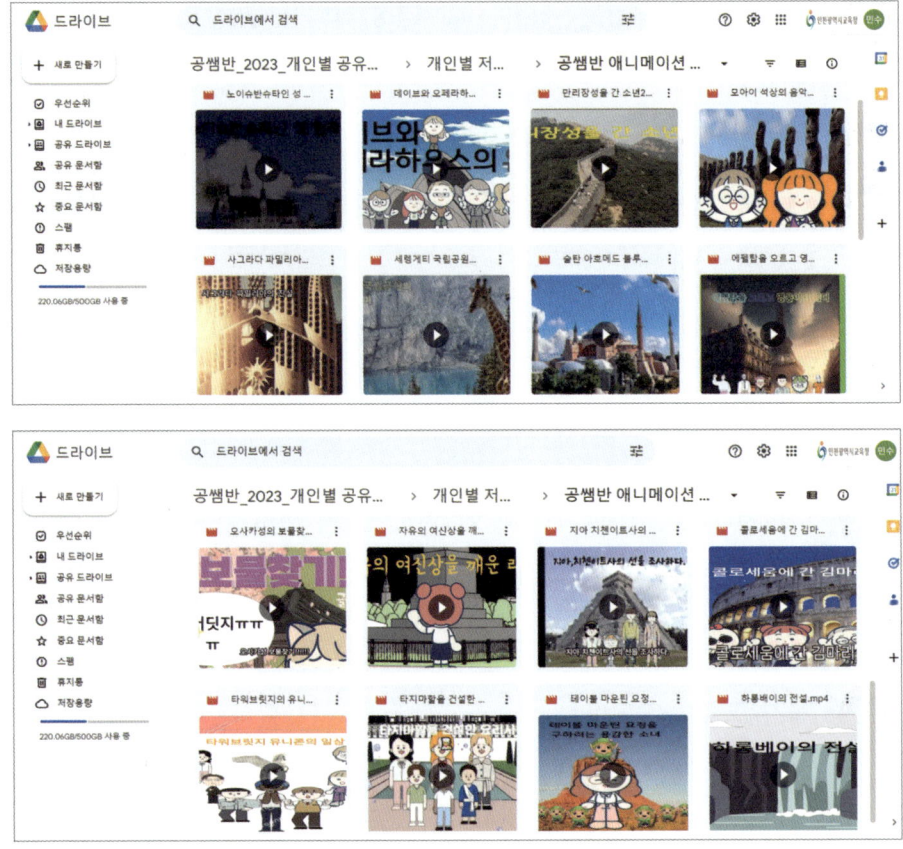

　살짝 긴장하고 있던 아이들은 애니메이션 시사회가 시작되자 환호했다. 공쌤이 감독을 한 명씩 호명해서 앞으로 부른 뒤 영상을 상영했다. 애니메이션 마지막에 나오는 감독의 말도 함께 보고 인터뷰도 진행했다.

　"'세렝게티 국립공원의 기린과 세미'를 찍으신 시윤 감독님, 영상을 제작하시면서 언제 가장 보람 있으셨나요?"

"아무래도 영상을 완성하고 나서 확인해 볼 때 가장 긴장되기도 했고 보람도 있었습니다."

"그러면 언제 제일 힘드셨나요?"

시윤이 아이들을 쳐다보며 잠시 생각에 잠겼다.

"세렝게티에 대한 정보를 찾을 때 가장 힘들었습니다. 세렝게티 국립공원이 그렇게 큰지 처음 알았거든요. 국립공원에 동물이 많아서 좋았지만, 너무 많아서 어떤 동물을 주인공으로 해야 할까 결정할 때도 힘들었습니다."

"어떤 이야기를 영상으로 제작했나요?"

"주인공인 세미가 세렝게티의 여러 동물들을 만나는 이야기입니다. 기린 외에도 코끼리 가족, 들개 무리, 수줍은 표범들을 만납니다."

"애니메이션을 통해서 어떤 메시지를 전달하고 싶었나요?"

"세렝게티에서는 많은 동물들이 함께 어우러져 살아가고 있습니다. 동물의 다양성이 세렝게티를 특별한 곳으로 만듭니다."

시윤은 처음 동화를 만들 때의 기억을 떠올렸다.

"감독님, 방금 '동물의 다양성'이라는 말을 하셨는데, 어떻게 그런 단어를 알게 되셨나요?"

"세렝게티를 조사하면서 알게 되었습니다. '다양한 동물들이 하나의 생태계에서 살아가면 더 살기 좋은 곳으로 변한다.'라는 글을 보았습니다. 동물의 다양성이 세상을 풍요롭게 만든다는 것을 세렝게티를 통해 알게 되었습니다."

"정말 꼼꼼한 자료 조사를 통해 많은 것을 깨우치셨네요. 더군다나 그 내용을 영상으로까지 만들었다니, 더 대단하신 것 같습니다. 감독님 덕분에 세렝게티 국립공원이 탄자니아 북부에 있다는 사실도 알게 되었습니다. 감사합니다."

"저도 감사합니다."

애니메이션이 하나씩 끝날 때마다 감독과의 인터뷰가 집행되었다. 그리고 아이들은 그 과정에 더욱 집중했다. 자신의 작품뿐만 아니라 다른 친구들의 작품을 보면서 얼마나 많은 노력이 들어갔는지 새삼 깨닫게 되었다.

"선생님, 이렇게 공부하니까 다른 랜드마크에 대해서도 자세히 알게 되었어요."

"맞아요. 귀에 쏙쏙 들어오고 집중도 잘됐어요."

"다른 감독님들도 정말 열심히 하셨다는 이야기를 듣고 나니까 다음에 또 만들고 싶어졌어요."

"그래, 다들 열심히 해 줘서 정말 고마웠어. 오늘 수업을 끝으로 전 세계 랜드마크 스토리텔링 프로젝트가 끝나는구나. 그동안 어떤 수업을 했는지 얘기해 보자."

공쌤의 말이 끝나기가 무섭게 지원이가 재빨리 대답했다.

"총 세 개의 프로젝트 수업을 했어요. 처음에는…… 뭐였지?"

"첫 번째 프로젝트는 '동화 작가 되기'였어요. 저희가 전 세계 랜드마크를 조사하고, ChatGPT의 도움을 받아서 동화를 완성했어요. 그리고 미드저니를 이용해서 이미지도 만들었죠."

"맞아요. 첫 번째가 동화책을 만드는 프로젝트였어요."

"전 세계 랜드마크 스토리텔링의 두 번째 프로젝트는 뭐였지?"

"웹툰 책이요. 투닝으로 웹툰을 만들고 북 크리에이터로 웹툰 책을 완성했어요."

아람이가 환하게 웃으며 말했다.

"'웹툰 작가 되기'가 두 번째 프로젝트였어요."

"세 번째는 이번 수업이에요. 애니메이션을 만들었어요."

"'애니메이션 감독 되기'예요."

"사실 이렇게 큰 프로젝트 수업은 선생님도 너희들과 처음 해 봤단다. 그동안 하나의 프로젝트는 많이 진행해 봤거든. 그런데 너희들이랑 3월에 첫 상담하면서 왠지 이런 프로젝트를 해 보고 싶더라고. 다 끝나니까 왠지 선생님은 눈물이 날 것 같네."

공쌤이 감격에 겨워 가슴에 손을 얹었다.

"선생님, 저는 프로젝트 수업하면서 부모님한테도, 친구들한테도 엄청 자랑했어요. 선생님과 함께 수업하면서 생성형 인공지능도 알게 되고, 인공지능을 활용하면 할 수 있는 게 정말 많다는 걸 알게 되었어요. 그래서 자꾸 다음에는 뭘 해 볼까 생각하게 돼요."

"저는 여러 직업을 체험해 본 것 같아서 좋았어요. 동화 작가, 동화 그림 작가, 편집자, 웹툰 작가, 애니메이션 감독까지! 어른들은 뭐든 많이 체험해 보라고 하시는데, 프로젝트 수업하면서 진짜 많이 체험해 본 것 같아서 정말 좋아요. 이제 제가 뭘 재미있어하고 좋아하는지 알게 되었어요."

공쌤이 묻지 않아도 아이들은 저마다 프로젝트 수업을 하면서 느꼈던 점들과 마음에 두었던 말들을 꺼내며 이야기꽃을 피웠다. 그렇게 세 번에 걸

쳐 이뤄진 '전 세계 랜드마크 스토리텔링 AI 프로젝트' 수업은 대단원의 막을 내렸다.

  그런데 공쌤이 숨겨둔 비장의 무기가 하나 더 있었다. 하지만 아이들은 그런 사실은 꿈에도 모른 채 프로젝트 수업이 끝난 줄로만 알았다. 공쌤이 숨겨둔 비장의 무기에 대한 자세한 이야기는 이 책의 마지막에 적혀 있다.

순서

1) 봄꽃 프로젝트를 시작하다!
2) 나에게로 와서 꽃이 된 AI
3) '꽃 검색' 인공지능이 있다고?
4) 꽃 사진 찍기: 우리 학교는 꽃 사진 맛집
5) '꽃 지도' 만들기: 우리 학교, 우리 마을의 꽃 지도
6) 공쌤반 꽃 박람회: 꽃 전문가들의 꽃 발표회
7) 인공지능을 통해 시인이 된다고?: 바드를 활용한 시 쓰기
8) 공쌤반 시인들의 역습: 우리들의 시 vs 인공지능의 시
9) 시화 만들기: 그림과 시가 있는 작품

사용 프로그램

- 우리말샘
- 다음(DAUM)
- 구글 드라이브
- 구글 슬라이드
- 바드(Bard)
- 미리캔버스(MiriCanvas)

4장

시인이 되어 보자!

봄꽃 AI 프로젝트

01

봄꽃 프로젝트를 시작하다!

또 다른 새로운 AI 프로젝트가 시작된 날, 공쌤이 컴퓨터 화면에 예쁜 꽃을 그렸다. 그러고는 말없이 색칠도 했다.

"흠, 오늘은 무슨 수업을 하는 걸까? 쌤이 오토드로우로 꽃을 그리고 계셔."

 "야, 조용히 해. 추리 게임일 수도 있어."

아이들은 예쁘다고 감탄하면서도 궁금함을 못 참고 낮게 웅성거렸다. 꽃을 좋아하는 아이들은 기대에 찬 눈빛을 보냈다.

그림을 다 그린 공쌤은 칠판에 '꽃'이 들어간 예쁜 단어들을 적더니 그 위에 '순우리말'이라고 썼다.

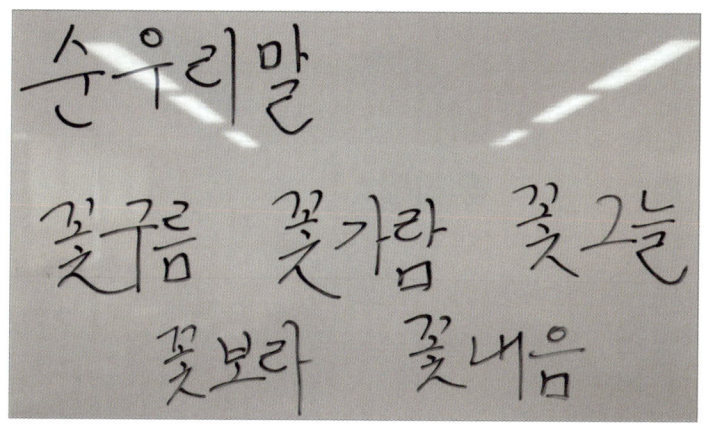

 "이 단어는 무슨 뜻일까?"

공쌤이 '꽃구름'을 가리키며 말했다.

"꽃처럼 생긴 구름이요."

"과자 이름인가?"

"예쁜 구름이라는 뜻 같아요."

아이들은 저마다 상상하며 단어의 뜻을 추리했다.

"순우리말의 정확한 뜻을 찾아보자."

"어디에서 찾아요?"

"'우리말샘'이라는 사이트에 가면 우리말 사전이 있어. 인터넷 브라우저에서 검색해 보자. opendict.korean.go.kr을 입력해도 돼."

타자가 가장 빠른 준형이 제일 먼저 손을 들었다. 공쌤반 아이들은 먼저 찾아도 말하지 않고 친구들이 찾을 때까지 기다려 주는 규칙이 있었다. 그래서 준형이는 친구들을 기다렸다.

"어떻게 찾았는지 나한테 좀 알려 줘."

먼저 찾은 친구들은 못 찾은 짝꿍들을 도왔다. 다만 직접 친구의 마우스를 만지거나 타자를 대신 쳐 주면 안 되고 오직 말로만 도와줄 수 있었다. 그래서 교실은 살짝 어수선했지만 이내 차분해졌다.

"다들 찾았으면 앞으로 나와서 칠판에 단어들의 뜻을 적어 보자."

아이들은 단어들의 뜻을 칠판에 적었다.

> 꽃구름 – 여러 가지 빛깔을 띤 아름다운 구름
>
> 꽃가람 – 꽃이 있는 강
>
> 꽃그늘 – 꽃나무의 그늘
>
> 꽃보라 – 떨어져서 바람에 날리는 많은 꽃잎들
>
> 꽃내음 – 꽃의 냄새

"선생님, 순우리말 뜻이 참 예쁜 것 같아요."
"처음 보는 단어도 많아서 신기해요."

"선생님이 꽃에 관한 시를 하나 들려줄게. 잘 들어 봐."

공쌤이 진지한 표정으로 아이들에게 시를 천천히 읽어 주었다. 나태주 시인의 '풀꽃-1'이라는 시였다.

"어? 나 어디서 들은 것 같아. 광고 같은 데에 나왔는데."
"맞아. 나도 캘리그라피로 적혀 있는 것 봤어. 저 글이 시였구나."

처음 듣는 아이들도 있었고, 들어 본 적 있는 아이들도 있었다.

"오늘부터 시작할 프로젝트 수업에 대한 힌트란다. 과연 무슨 수업을 할 것 같니?"
"일단 선생님은 꽃이 나오는 단어를 조사하게 하셨어요. 그리고 칠판에 적기까지 했죠. 그리고 시를 들려주셨어요."
"아, 꽃을 이용해서 시를 쓸 것 같아요."

아람이가 활동을 정리하더니 민희가 수업 내용을 맞췄다.

"이제 협업도 잘하는구나. 둘 다 잘했어. 이번 수업은 꽃을 활용한 프로젝트야."

"선생님, 이번 프로젝트의 이름은 뭐예요?"

 "이름하여~ '시인 되기 AI 프로젝트'야."

 "시를 쓰는 건 어렵지만 왠지 재밌을 것 같아요. 제가 꽃을 좋아하거든요."

 "이번에도 인공지능이랑 같이 뭔가를 할 것 같아서 기대되요."

아이들이 저마다 이번 프로젝트 수업을 예상하며 두근거리는 마음으로 기대했다.

02

나에게로 와서 꽃이 된 AI

🧑‍🦱 "요즘 학교 주변에 꽃이 많이 피기 시작했더라. 혹시 등하교 길 또는 운동장 옆에 활짝 핀 꽃을 본 적 있니?"

🧑 "축구 하느라 꽃 볼 시간이 없어요."

창훈이가 개구지게 대답했다.

🧑 "봄이라 그런지 꽃이 많이 폈어요. 색깔도 예쁘고 다양해요."
🧑‍🦱 "이름을 아는 꽃이 있니?"
🧑‍🎓 "장미는 아는데 다른 꽃들은 잘 몰라요."
🧑‍🦱 "그렇구나. 지금부터 선생님이 시를 하나 들려줄까 해. "내가 그의 이

름을 불러 주었을 때 그는 나에게로 와서 꽃이 되었다."라는 말을 들어 본 적 있니? 바로 김춘수 시인의 '꽃'이라는 시야."

공쌤은 천천히 시를 읊은 뒤 제목을 알려 주었다.

 "무슨 뜻인지 정확하게는 모르겠지만, 마음이 먹먹해요."
 "이름을 불러 줘야 한다는 것 같은데?"
 "시를 듣고 감상하는 데 정답이란 없단다. 너희들이 느끼고 생각하는 모든 게 정답이야. 마치 그림을 보고 음악을 듣는 것처럼 말이야."
 "이름을 불러 주는 게 중요하다는 건 알겠어요."
 "바로 그 부분이야! 오늘 선생님은 이 시를 분석하거나 감상하기 위해서가 아니라 여기에 나온 구절 때문에 들려준 거란다. 학교 운동장 옆에 피는 꽃들도, 교실 옆에 피는 작은 야생화들도 이름이 있을 텐데 우리는 그 꽃들의 이름을 잘 모르잖아."

아이들은 공쌤의 말에 집중했다.

 "맞아요. 급식실 가는 길에도 엄청 크고 예쁘게 생긴 노란 꽃이 폈는데, 이름을 모르니까 흥미가 떨어지더라고요."
 "그렇지. 우리가 친구를 처음 만나면 제일 먼저 이름을 물어보잖아.

'이름이 뭐야? 나는 공쌤이라고 해.'처럼 말이야."

"그런데 꽃 이름은 알기 어렵지 않아요? 가끔 부모님께 꽃 이름을 물어보는데 잘 모르시더라고요. 어른들도 꽃이나 풀, 나무 이름을 다 아는 건 아니라고 하셨어요."

"맞아요. 특히 산에 피는 야생화는 종류가 너무 많아서 이름을 알기가 더 어렵대요. 사진을 찍어서 물어본 적도 있었는데 아는 사람이 거의 없었어요."

아이들은 꽃 이름을 물어봤지만 끝내 알지 못했던 경험들을 털어놓았다.

"그래, 선생님도 꽃 이름은 잘 알지 못해."

"선생님도 모르시는데 저희가 꽃 이름을 어떻게 알아서 불러 줘요!"

"그래서 선생님이 꽃 이름을 알려 주는 인공지능을 찾았지."

"꽃 이름 말고 다른 것도 알려 주면 좋겠어요."

"꽃의 크기, 모양, 색깔, 사는 장소, 피는 시기 같은 다양한 정보들도 알려 주지."

"선생님, 필요한 준비물은요?"

창훈이가 그새를 못 참고 공쌤을 재촉했다.

- "스마트폰이나 태블릿 PC만 있으면 돼."
- "스마트폰 없는 친구들은 어떻게 해요?"
- "모둠당 1대만 있으면 되니까 친구랑 같이 조사하면 되지."
- "선생님, 그런데 왜 꽃에 대해 조사를 해야 해요?"

준형이가 고개를 옆으로 갸웃하며 물었다.

- "꽃에 대한 시를 쓰기 위해서는 그만큼 잘 알아야 하거든. 만약 누군가 나의 겉모습만 보고 내 마음을 판단해 버리면 기분이 어떨까?"
- "속상해요. 제 마음은 그렇지 않은데."
- "그래. 시인이 되려면 겉모습뿐만 아니라 마음도 잘 알아야 해."
- "꽃에 대해 잘 알아야 한다는 말씀이시죠?"
- "그러기 위해서는 언제 피는지, 어떤 환경에서 잘 자라는지, 원래 태어난 곳이 어딘지, 어떤 특징을 지녔는지 등을 알아야겠지."
- "꽃을 관찰하면서 느낀 점이나 생각들도 기록해 두면 좋을 것 같아요."
- "그래, 꽃에 대해 많이 알수록 느끼는 점도 많아질 거야."

꽃을 주제로 인공지능 프로젝트 수업을 한다는 얘기를 듣자 아이들의 얼굴이 봄꽃처럼 화창하게 피었다.

03

'꽃 검색' 인공지능이 있다고?

공쌤이 카메라를 목에 걸며 말했다.

"공쌤반 여러분, 안녕하세요. 저는 꽃 사진을 전문으로 찍는 사진작가입니다. 지금부터 여러분에게 꽃 사진 잘 찍는 방법을 알려 드릴 예정입니다. 잘 들어 주세요."

공 작가의 이야기에 아이들이 귀를 쫑긋하며 집중했다.

"출사하기 전에 준비해야 할 게 있나요?"

"민희야, 출사가 뭐야?"

"사진 찍으러 나가는 걸 출사라고 하더라."

 "사진 찍으러 나가기 전에 먼저 스마트폰에 애플리케이션을 다운받아 주세요."

 "공 작가님, 어떤 앱을 다운받을까요?"

플레이스토어	다음DAUM

 "'구글 플레이스토어'에 들어가서 '다음DAUM'이라는 앱을 찾아 다운받아 주세요."

 "공 작가님, 저는 아이폰인데 어떻게 해요?"

 "아이폰은 '앱스토어'에 들어가서 '다음' 앱을 다운받으면 돼."

 "앱을 다운받아 설치한 뒤 실행하면 '다음 검색창'이 보일 겁니다. 거기에 꽃처럼 생긴 아이콘 보이나요?"

 "네, 스마트폰 화면 오른쪽에 있는 꽃 모양을 누르니까 꽃 검색이 보여요."

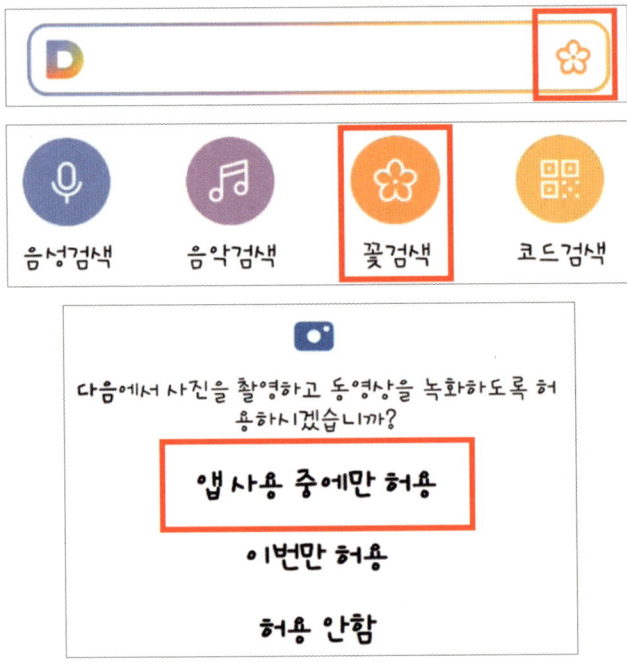

"이런 메시지가 보이면 '앱 사용 중에만 허용'을 누르면 됩니다."
"와! 작가님, 카메라 화면 중앙의 꽃 모양이 변하고 있어요."
"화면에 '꽃의 정면을 크게 촬영해 주세요.'라고 적혀 있어요."
"꽃을 어떻게 찍어야 해요?"

재혁이가 머리를 긁적이며 물었다.

"우선 마음에 드는 꽃을 찾으세요. 그리고 꽃의 아랫부분을 손가락으로 아주 살짝 잡습니다."

 "꽃이 다치면 어떡해요?"

아람이가 살짝 겁먹은 목소리로 물었다.

"꽃을 잡지 않고 가까이에서 찍어도 됩니다. 다만 바람이 많이 불거나 꽃의 크기가 손톱보다 작을 때는 조심해서 잡을 필요가 있어요."

"꽃이 다치지 않게 잡는 방법을 알려 주세요."

"손바닥이 보이는 상태로 꽃에 달린 줄기를 손가락 사이에 살짝 끼우면 돼요. 그러면 바람에 흔들리지 않게 꽃을 검색하기 위한 사진 찍기에 좋아요."

 "아하, 그런 방법이 있네요!"

 "이제 여러분도 사진작가니까 꽃을 소중히 다뤄 주세요."

 "네~!"

아이들은 신이 나는지 일제히 대답했다.

 "이제 중요한 단계입니다. 앱을 켠 뒤 꽃에 가까이 대면 꽃이 살짝 흐리게 보일 거예요."

 "공작가님, 꽃이 흐리게 찍히면 검색이 안 되잖아요."

 "맞습니다. 그래서 꽃 사진을 선명하게 찍기 위한 세 가지 꿀팁이 있어요. 첫 번째는 스마트폰 카메라 렌즈와 꽃 사이의 간격을 조절하는 거예요. 꽃 가까이에 가져갔다가 살짝 멀리하기를 몇 번 반복하면 꽃이 선명하게 보일 거예요."

 "두 번째 꿀팁도 알려 주세요."

 "두 번째 방법은 스마트폰을 꽃에 가까이 댄 후 화면을 살짝 터치하는 방법입니다."

 "아, 저도 알아요. 다른 친구들 사진 찍어 줄 때 화면을 터치하면 초점이 잡혀요."

 "바로 그 방법입니다. 그렇게 초점이 잡혀서 꽃이 선명하게 보이면 촬영 버튼을 눌러 사진을 찍으면 됩니다."

 "세 번째 꿀팁은 아직 안 알려 주셨어요."

 "창훈 작가님은 기억력이 좋으시네요. 사실 카메라는 초점을 잡기 위해 스스로 노력합니다. 따라서 조금만 기다리면 초점이 잘 잡힐 거예요. 그래서 세 번째 꿀팁은 '기다리기'입니다."

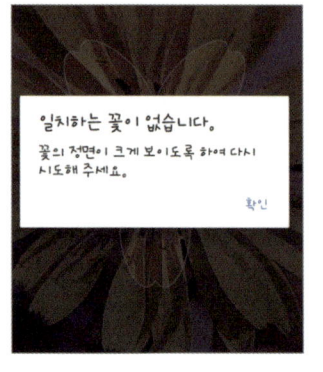	
꽃 검색 실패	꽃 검색 성공

"다음은 주의할 점입니다. 꽃 검색을 하다 보면 가끔 '일치하는 꽃이 없습니다.'라는 메시지가 뜰 때가 있어요. 이것은 꽃이 선명하게 찍히지 않았거나 작게 찍혔을 때 나타나요."

"그래서 아래에 이렇게 적혀 있군요. '꽃의 정면이 크게 보이도록 하여 다시 시도해 주세요.'"

"네, 맞습니다. 꽃이 크게 보이도록 가까이에서 다시 찍거나 적당히 밝은 곳에서 다시 찍어야 합니다."

"아, 너무 어두우면 인공지능이 이미지를 인식하기 어렵겠군요."

"네, 지원 작가님, 맞아요! 인공지능이 꽃 이미지를 잘 인식하기 위해서는 밝고 선명한 사진이 필요해요"

아이들이 꽃 검색에 성공한 사진을 보더니 다 같이 감탄했다.

 "꽃 이름이 나왔다!"
 "저 빨간 꽃의 이름은 '꽃베고니아'구나."
 "꽃 이름 밑에 관련 검색어가 보이죠? 어느 작가님이 읽어 보시겠어요?"
 "꽃베고니아 꽃말, 장미 베고니아, 장미 베고니아 번식 방법, 장미 베고니아 키우기, 베고니아 종류 등 많이 있어요."

민희가 검색어를 또박또박 읽었다.

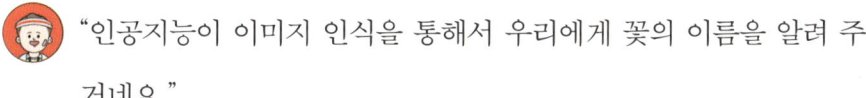

 "그러니까 꽃 이름만 알면 꽃에 대한 다른 정보는 찾기 쉬운 거지."
 "프로젝트 수업을 여러 번 진행했더니 이제는 선생님이 설명 안 해도 스스로 답을 찾아가는구나."
 "저희는 공쌤 제자잖아요!"

아이들이 즐거워하며 대답했다.

04

꽃 사진 찍기
우리 학교는 꽃 사진 맛집

🧑 "이제 본격적으로 사진을 찍으러 나가 보자. 우리는 두세 명이 한 모둠이 되어 움직일 거야."

👦 "학교 전체를 모두 함께 돌아다녀요?"

🧑 "전체를 함께 도는 것보다 나눠서 도는 게 더 낫지 않을까? 일단 화면을 보자."

화면에 학교 지도와 숫자가 나오자 아이들이 신기한 듯 쳐다봤다.

🧑‍🏫 "선생님이 구역을 나눴어. 너희들은 두세 명씩 짝을 지어 원하는 구역으로 가서 꽃을 조사하면 돼. 그리고 꽃 하나당 사진은 30장 이상 찍어 줘."

👧 "나랑 같이할 사람?"

👦 "난 누구랑 하지?"

아이들은 함께 꽃 사진을 찍을 모둠을 짜느라 분주했다.

🧑‍🏫 "이제 무엇을 조사해야 할지 알겠지? 선생님이 나눠 주는 메모지에

적힌 양식에 맞춰서 꽃 정보를 검색한 뒤 정리하면 됩니다."

1. 촬영 날짜와 시간
   - 00년 00월 00일 오전00시

2. 사진을 찍은 장소
   - 학교 운동장 동쪽
   - 학교 후관 건물 뒤편

3. 꽃이 핀 정도(0~100%)
   - 50%

4. 꽃을 관찰할 때의 날씨
   - 따뜻하고 맑은 날씨

5. 꽃 정보
   1) 이름: 꽃다지
   2) 전체 크기: 높이 20cm
   3) 꽃 모양과 색깔: 노란색, 꽃잎 4개, 주걱 모양

6. 꽃에 대한 내 느낌

 "와, 정말 꽃 사진 전문가 같아요."
 "선생님, 1번과 2번은 알겠는데 3번은 어떻게 정해요?"
 "봉오리 형태면 0%이고 활짝 폈으면 100%가 되겠지? 혹시 잘 모르겠으면 사진을 보면서 같이 정해도 돼."
 "선생님, 5번의 꽃 정보는 인공지능 검색으로 다 나오는 거죠?"

재혁이가 꼼꼼하게 메모지 내용을 확인했다.

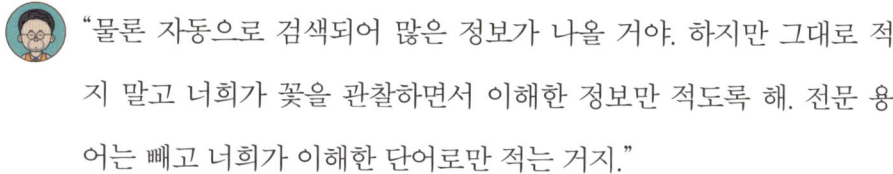"물론 자동으로 검색되어 많은 정보가 나올 거야. 하지만 그대로 적지 말고 너희가 꽃을 관찰하면서 이해한 정보만 적도록 해. 전문 용어는 빼고 너희가 이해한 단어로만 적는 거지."

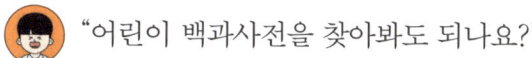"어린이 백과사전을 찾아봐도 되나요?"

"좋은 생각이야. 찾아보고 이해했으면 적어도 좋아. 너희들이 촬영한 사진과 찾은 정보들은 한곳에 모아서 지도로 만들 예정이거든."

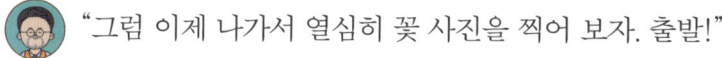"와~, 정말요?"

"그럼 이제 나가서 열심히 꽃 사진을 찍어 보자. 출발!"

아이들은 모둠별로 자신들의 담당 구역으로 가서 꽃을 촬영했다. 그리고 공쌤은 구역별로 다니며 아이들을 도와주었다.

"선생님, 저희가 찾은 꽃 엄청 예쁘죠?"

"와, 굉장히 예쁘네! 이렇게 작고 귀여운 꽃은 어떻게 찾았어?"

공쌤은 수업 전에 학교를 돌아다니며 주변에 피는 꽃의 이름을 전부 다 익혀 두었지만 모르는 척 신기해하며 물었다.

 "제가 숨바꼭질할 때 이곳에 자주 왔거든요. 여기는 제가 잘 알아요."

창훈이가 학교 안 구석 자리를 잘 안다면서 자랑스럽게 얘기했다.

 "조사하는 데 어려움은 없었니?"
 "사실은 꽃의 크기가 너무 작아서 사진 찍기 어려워요."
 "그래, 이런 꽃은 무리 지어서 피기 때문에 전체를 찍기보다는 최대한 가까이에서 크게 찍는 게 중요해."
 "가까이에서 초점을 맞추니까 크게 찍히네요!"
 "그래, 잘했어. 이제 인공지능에게 이름을 물어볼까?"

 "이 친구 이름이 '참꽃마리'래요. 와, 신기하다."

"이 꽃이 참꽃마리구나. 이름을 알자마자 벌써 친구가 되었구나."

 "그러게요. 이름을 알게 되니까 엄청 반갑네요."

 "이제 꽃 정보를 입력해 보자."

1. 촬영 날짜와 시간
   - 2023년 5월 15일 월요일 오전 10시

2. 사진을 찍은 장소
   - 학교 병설 유치원 뒤쪽

3. 꽃이 핀 정도
   - 100%

4. 꽃을 관찰할 때의 날씨
   - 따뜻하고 맑은 날씨

5. 꽃 정보
   1) 이름: 참꽃마리
   2) 전체 크기: 높이 10~30cm
   3) 꽃 모양과 색깔: 연한 하늘색, 꽃잎 5개, 꽃잎은 계란 모양

6. 꽃에 대한 내 느낌
   꽃이 너무 작아서 잘 보이지 않았지만, 자세히 보니 섬세하고 예뻤다. 꽃이 하늘색인데, 더 연한 하늘색이 있어서 신기했다. 그리고 연노랑색, 하얀색과 함께 섞여 있어서 더 아름다웠다.

7. 영상 요약
   꽃마리는 우리나라 산과 들, 길가에서 자란다. 반그늘에서 잘 자란다. 4~7월에 피는 꽃은 연한 하늘색을 띤다. 꽃줄기의 윗부분이 말려 있는데, 태엽처럼 풀리면서 아래쪽부터 차례로 꽃이 핀다고 해서 꽃마리(꽃말이)라고 한다. 꽃마리는 두해살이 풀이다. 줄기 전체에 짧은 털이 났으며, 밑부분에서 여러 개로 갈라진다.

"선생님, 영상도 찾아봤어요."

"잘했어. 그런데 영상의 길이가 너무 기니까 지원이가 영상 내용을 간단하게 요약해서 꽃 정보에 올려 줄래?"

아이들은 영상 세대답게 궁금한 점이 생기자 유튜브 영상을 검색했다. 그래서 공쌤은 영상 요약을 양식에 추가했다.

"너희는 무슨 꽃을 찾았어?"

"저희 모둠은 '개망초'라는 꽃을 찾았어요."

"오, 이게 개망초구나! 어디서 본 것 같은데?"

"찾아보니까 엄청 흔한 꽃이래요. 꼭 계란 프라이처럼 생겼어요."

"그러네! 중간이 노랗고 꽃잎이 하얀 게 꼭 계란 프라이 같다. 느낀 점에 넣으면 재밌겠다."

"네, 지금 적고 있어요."

1. 촬영 날짜와 시간
   - 2023년 5월 15일 오전 9:30

2. 사진을 찍은 장소
   - 구령대에서 앞을 보는 기준으로 오른쪽 운동장 골대 뒤에 있는 벽 뒤

3. 꽃이 핀 정도
   - 100%

4. 꽃을 관찰할 때 날씨
   - 덥고 맑은 날씨

5. 꽃 정보
   1) 이름: 개망초
   2) 전체 크기: 높이 20~30cm
   3) 꽃 모양과 색깔: 노란색, 하얀색, 꽃잎이 많음, 계란 프라이 모양
   4) 사는 곳: 주로 밭이나 들, 길가

6. 꽃에 대한 내 느낌
   계란 프라이 모양이어서 맛있겠다고 생각했다. 꽃봉오리 색과 꽃의 색깔이 달라서 신기했다.

7. 영상 요약
   개망초는 국화과에 속한다. '밭을 망쳐 나라가 망한다.'고 하여 개망초라는 이름이 붙었다. 전국에서 많이 볼 수 있다.
   개망초는 먹으면 열을 내려 주고 장염으로 인한 복통과 설사를 치료해 준다. 봄에 올라오는 개망초 순은 꺾어서 나물로 무쳐 먹는다. 여름과 가을에는 개망초의 뿌리 및 전초를 채취하여 햇빛에 말린 뒤 약으로 사용한다. 또 차로도 마시고 튀겨서도 먹는다. 개망초는 약성이 약해서 많이 사용되지 않으며, 아직 밝혀진 부작용은 없다.

꽃 사진을 열심히 수집하고, 꽃 정보를 검색하느라 아이들은 종이 치는 줄도 모르고 집중하고 있었다.

05

'꽃 지도' 만들기
우리 학교, 우리 마을의 꽃 지도

"너희들이 열심히 하는 모습을 보니 정말 뿌듯하구나."

"저희가 찍은 사진들은 어디에 모아 둘까요?"

"구글 드라이브에 모아 두려고 해. 선생님이 링크를 줄 테니까 각자 자기가 좋아하는 꽃을 골라서 정리해 보자."

"선생님, 조사를 하다 보니까 같은 꽃을 찾은 친구들이 있더라고요. 그럼 어떻게 해요?"

창훈이가 곤란해하는 표정을 지었다.

"중복되어도 괜찮으니까 자기가 찍은 사진들은 모두 보관하자. 선생님이 30장 이상이라고 했는데, 모두 많이 찍었지?"

"그럼요! 전 50장이나 찍었어요."

"잘했어. 이제 구글 드라이브에 모아 볼까?"

"와~! 선생님, 꽃 종류가 엄청 많아요."

"같은 꽃을 찾은 친구들도 있지만, 그래도 많네요. 우리 학교에 이렇게 많은 꽃이 피고 있었군요."

"너희들은 5년째 학교에 다니고 있지만 예쁜 꽃들이 이렇게 많이 피는지 몰랐지?"

"네, 그러니까요. 저는 처음 보는 꽃들도 많았어요."

"옛 말씀에 세상은 아는 만큼 보인다고 했어. 너희들은 우리 학교에 대해 충분히 알고 있다고 생각했겠지만, 사실 꽃들이 이렇게 많이 피고 있다는 사실을 이제야 알게 된 거지."

"맞아요. 꽃 이름도 이제야 알게 되었어요."

아이들이 시윤이의 말에 공감하는 듯 다 같이 웃었다.

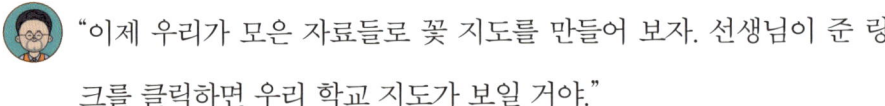"이제 우리가 모은 자료들로 꽃 지도를 만들어 보자. 선생님이 준 링크를 클릭하면 우리 학교 지도가 보일 거야."

"지도에 꽃이 피는 곳을 표시하는 건가요?"

"그래. 모두 화면을 같이 볼까?"

 "화면 위쪽에 있는 '마커 추가'를 클릭해 봐."

 "아랫부분이 뾰족한 물방울처럼 생겼어요."

 "지도에서 꽃의 위치를 클릭하면 마커가 생길 거야."

 "제일 위 칸에는 꽃 이름을 쓰면 되겠어요."

 "아래 칸에는 우리가 조사한 내용을 적으면 돼."

 "선생님, 꽃 사진도 넣을 수 있어요?"

 "그럼~! 오른쪽 밑에 있는 카메라 모양을 눌러 볼래?"

 "'업로드'가 보여요."

 "'찾아보기'를 누르면 컴퓨터에 저장된 꽃 사진을 올릴 수 있지."

 "저는 사진을 두 장 올릴래요."

"사진 외에 다른 것도 올릴 수 있단다. '카메라 버튼'을 눌러 볼래?"

 "설마 영상은 아니겠죠?"

 "유튜브 영상을 연결할 수 있어."

 "제가 '선씀바귀'라고 적어 볼게요."

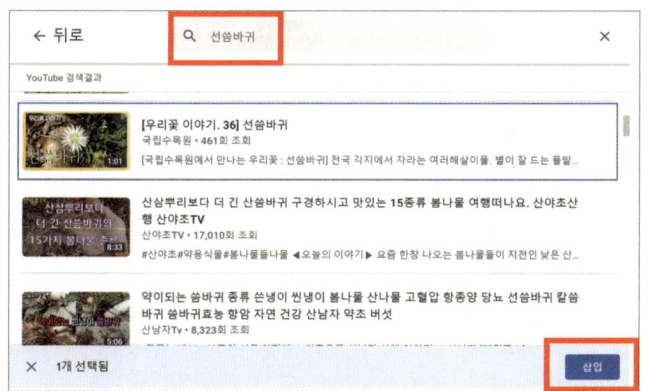

 "여러 영상이 보이지?"

 "영상을 선택해서 '삽입' 버튼만 누르면 되죠?"

 "그래, 그러면 다른 사진들과 함께 영상이 올라갈 거야."

 "선생님, 저는 '마커' 모양을 실제 꽃 모양으로 바꾸고 싶어요. 그래서 지도에 마커가 아니라 꽃이 보이면 좋겠어요."

 "지원이가 고급 기술을 알고 싶구나. 그래, 선생님이 알려 줄게. 물통처럼 생긴 아이콘을 눌러 볼까?"

 "아이콘 종류가 많은데 꽃은 안 보여요."

 "지원이가 찍은 꽃 사진은 여기에 없어서 새롭게 등록해 줘야 해."

 "어떻게 등록해요?"

 "'아이콘 더보기'를 눌러 볼까?"

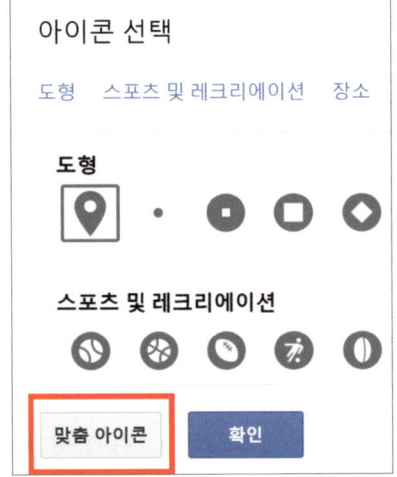

 "'맞춤 아이콘'이 있어요."

 "'맞춤 아이콘'에 들어가서 꽃 사진을 업로드하면 꽃 모양 마커가 생기지."

 "와, 학교 지도에서 제 꽃이 보여요!"

 "이제 선씀바귀가 우리 학교 어디에서 피는지 정확하게 알 수 있게 되었네."

 "친구들이나 동생들에게 잘 안내할 수 있을 것 같아요."

 "자, 다들 우리 학교의 꽃 지도를 마저 완성해 보자."

아이들은 자기가 꽃을 찾은 위치를 정확히 표시하기 위해 모둠 친구들과 의논했다. 드디어 꽃 지도가 완성되어 화면에 보이자 아이들이 탄성을 질렀다.

 "선생님, 어떤 꽃이 우리 학교 어디에 피었는지 정말 잘 보여요."

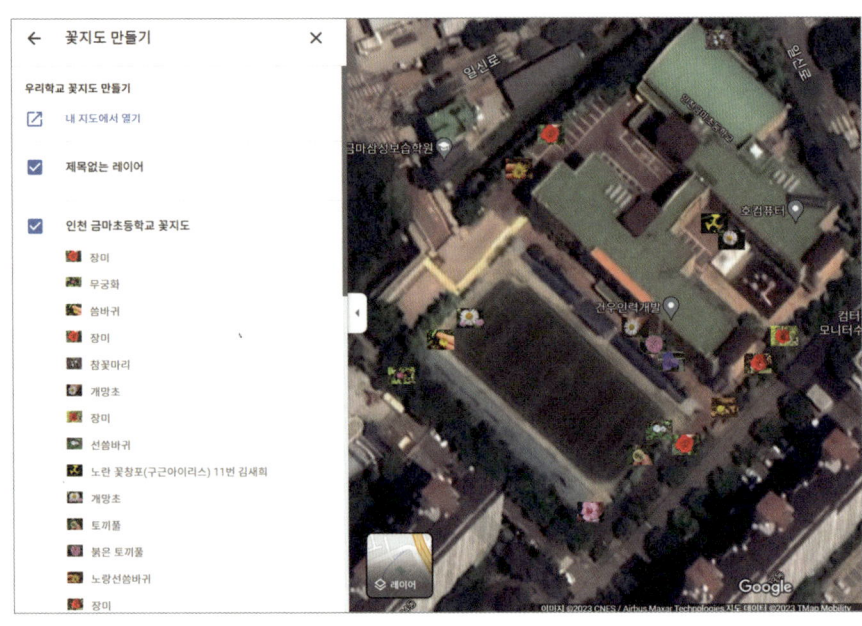

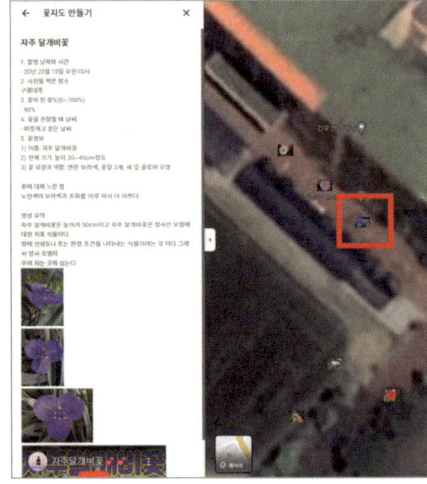

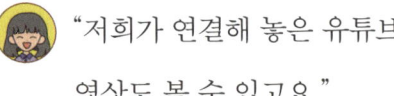 "꽃을 클릭하니까 큰 사진으로도 볼 수 있어요."

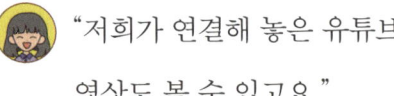 "저희가 연결해 놓은 유튜브 영상도 볼 수 있고요."

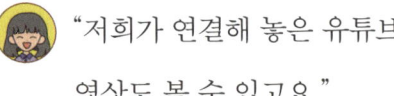 "꽃 정보는 기본이네요. 내년에 꽃이 언제 필지 예상할 수도 있어요."

 "이것이 정녕 저희가 만든 것인가요!"

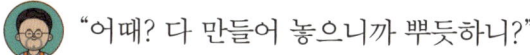 "어때? 다 만들어 놓으니까 뿌듯하니?"

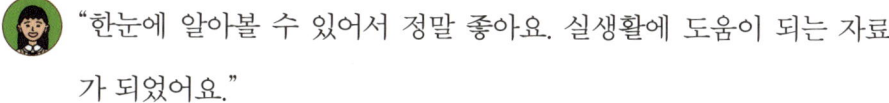 "한눈에 알아볼 수 있어서 정말 좋아요. 실생활에 도움이 되는 자료가 되었어요."

"하나의 주제로 각자 맡은 바를 잘 해내면 이런 멋진 결과가 나오는 거야. 바로 협업의 성과라고 볼 수 있지. 정말 잘했어!"

06

공쌤반 꽃 박람회
꽃 전문가들의 꽃 발표회

🧑‍🏫 "너희들이 올려 준 꽃 정보를 선생님이 하나씩 다 살펴봤거든? 꽃 전문가들이 다 된 것 같더라."

🧑 "아직 모르는 꽃들이 많지만 그래도 한 개는 잘 알죠. 참꽃마리에 대해서는 제가 제일 잘 알아요."

지원이가 고개를 끄덕이며 자신 있게 말했다.

🧑‍🏫 "그렇지, 우리 반에서 지원이가 '참꽃마리'에 대해서는 전문가지. 그래서 공쌤반 친구들이 곧 꽃 전문가로 꽃 박람회에 초대될 거라는 소식이 있어."

"초대되면 박람회를 구경하는 건가요?"

"전문가들은 박람회에 초대되면 발표를 해야 해."

"발표 준비를 해야겠네요."

"이제 척하면 척이구나! 구글 슬라이드의 공유 문서에서 발표 준비를 할 거야."

"공유 문서면 모두가 하나의 문서에서 동시에 작업하는 거죠?"

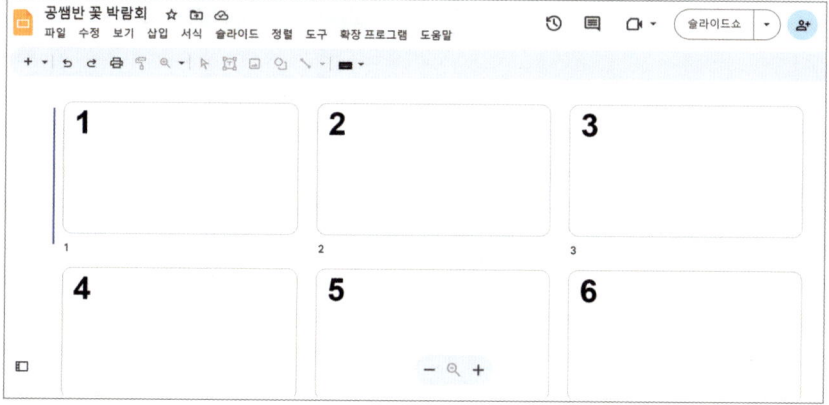

"선생님이 번호별로 슬라이드 문서를 준비해 놓았으니까 자기 번호에 들어가서 발표 자료를 준비하면 돼."

"어떤 내용을 입력하면 되나요?"

"일단 꽃 사진이 들어가야겠지? 꽃 이름, 꽃 정보, 검색한 내용 원본과 자신이 고친 내용, 영상과 영상 요약 내용을 적어 주면 돼."

"선생님, 예를 들어 주세요!"

"그럼 다 같이 화면을 보자."

"맨 위에는 꽃 이름을 적고, 조사한 사람의 이름도 적을 거야."

"아래에는 저희가 조사한 꽃 정보를 적네요."

"꽃 지도를 만들면서 정리했던 내용을 넣으면 돼. 그리고 오른쪽에는 직접 찍은 꽃 사진을 넣을 거야."

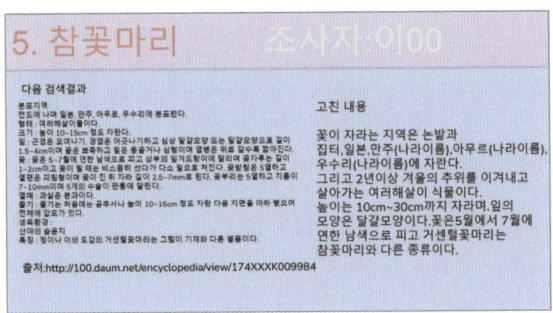

"두 번째 슬라이드에는 뭘 넣어요?"

"인공지능으로 꽃을 검색해서 얻은 내용을 넣도록 하자."

"밑에 '출처'라고 되어 있어요."

"너희들이 찾아 넣은 정보와 내용을 어디에서 가져왔는지 적어야 해. 그것을 출처라고 하지."

"오른쪽은 뭐예요?"

"검색해서 가져온 내용을 너희들이 이해한 말로 고쳐 적은 거야."

"아, '동화 작가 되기' 수업할 때 구글 슬라이드 사용법 배웠잖아요. 이번에도 그때처럼 하면 되나요?"

"맞아! 슬라이드에 사진 올리는 방법, 영상 올리는 방법 모두 배웠으니까 이번에는 더 잘할 수 있지?"

"네, 그럼요!"

아이들은 자신이 조사한 내용을 발표 자료로 만드는 활동에 익숙해져 있었다. 얼마 전까지만 해도 발표 슬라이드 한 장 겨우 만들던 아이들이 이제는 두세 장을 거뜬히 만들었다.

공쌤은 구글 슬라이드에서 '보기-바둑판 보기' 기능을 통해 아이들이 자료를 완성하는 과정을 살펴보면서 어려워하는 친구가 있으면 도와주었다.

242

최강의 AI 공쌤반 아이들

"발표 자료를 만들어 보니까 어때?"

"머릿속이 정리되는 것 같아요."

"맞아요!"

"자, 지금부터 꽃 전문가들을 모시고 강연을 시작하겠습니다. 오늘의 강연 주제는 꽃입니다. 어떤 꽃 전문가님부터 강연하실까요?"

공쌤은 능청스럽게 사회자가 되어 꽃 전문가들이 자발적으로 강연을 시작하도록 안내했다.

"제가 먼저 해 보겠습니다."

"네, 지금 모신 분은 팬지 전문가입니다. 슬라이드 색도 노란색으로 하셨네요. 우리 함께 들어 보겠습니다."

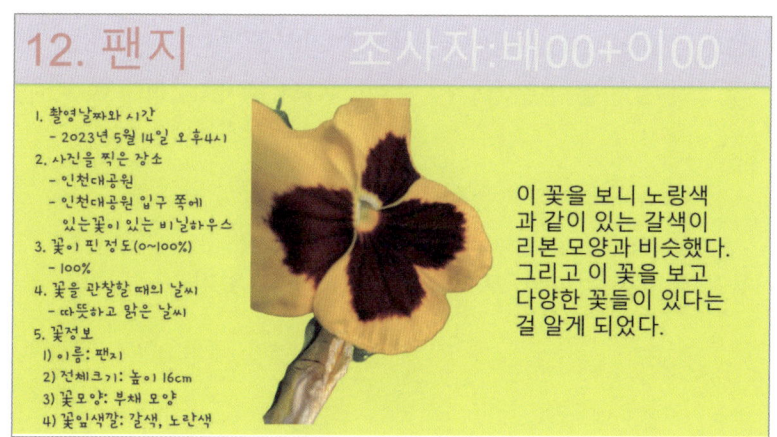

"와~, 팬지 전문가님이 사진을 찍은 장소는 학교가 아니네요?"
"네, 저는 팬지를 인천대공원에서 찾았습니다. 가족들과 함께 공원에 놀러갔다가 노란색과 갈색이 같이 있는 꽃을 보고 너무 예뻐서 찍게 되었습니다."
"날씨는 어땠나요?"
"매우 좋았습니다. 그래서 따뜻하고 맑은 날씨라고 적었습니다."
"팬지에 대한 영상도 찾으셨나요? 어떤 내용인가요?"
"팬지는 축축하고 차가운 곳에서 잘 자랍니다. 그리고 추위에도 잘 버팁니다. 팬지는 꽃잎이 보라색, 노란색으로 핍니다."

아람이가 강연을 마치고 자리로 돌아갔다.

"다음으로 어떤 꽃 전문가를 모실까요? 기자분들, 추천해 주세요."
"붉은토끼풀 전문가님을 인터뷰하고 싶습니다."
"네, 붉은토끼풀 전문가님은 앞으로 나와 주세요. 박수로 모시겠습니다."

아이들은 손뼉을 치면서 "토끼풀! 토끼풀!"을 외쳤다.

8. 붉은토끼풀 조사자: 이OO

출처
https://search.naver.com/search.naver?where=kdic&sm=tab_jum&query=%EB%86%89%EC%9D%80%ED%86%A0%EB%81%BC%ED%92%80

붉은 토끼풀은 콩과에 속하는 여러해살이풀이며 유럽 원산으로 전 세계에서 주로 풀밭에서 자란다. 높이는 약 30~60cm이고 잎은 어긋나고 손바닥 모양의 3장이며 길이 3~5cm 너비 1~3cm로 달걀 모양이거나 긴 타원 모양이다. 꽃은 6~7월에 피고 홍색 빛을 띤 자주색을 띠며 잎겨드랑이에 둥글게 모여 달린다. 사료로 심고 있으나 야생으로 많이 퍼져 자라고 있으며, 토끼풀과 비슷하지만 꽃자루가 거의 없고 포가 있으며 원줄기에 퍼진 털이 있다.

요약
붉은 토끼풀은 길이가 3~5cm, 넓이 1~3cm입니다. 그리고 꽃잎이 많이 퍼져 있다. 색깔은 보라색입니다. 여러해살이풀이다. 느낀점: 모양이 신기하다. 그리고 줄기에 털이 있다.

1. 촬영 날짜와 시간
 - 2023년 5월 15일 오전10시
2. 사진을 찍은 장소
 - 구령대 쪽
3. 꽃이 핀 정도(0~100%)
 - 100%
4. 꽃을 관찰할 때 날씨
 - 바람이 불고 쌀쌀한 날씨
5. 꽃정보
 1) 붉은 토끼풀
 2) 전체크기 5Cm
 3) 꽃모양과 색깔
 - 동그라미, 연한 보라색

 "저는 붉은토끼풀을 조사했습니다. 처음 촬영한 날짜는 5월 15일 오전 10시입니다."

 "어디서 찍었나요?"

 "구령대 쪽에서 찾았습니다. 꽃이 이미 활짝 피어 있었습니다."

 "촬영할 때 날씨는 어땠나요?"

 "날씨는 바람이 불고 쌀쌀했습니다."

 "붉은토끼풀은 어떤 꽃인지 자세히 알려 주세요."

아람이가 추가로 질문을 던졌다.

 "붉은토끼풀은 연한 보라색이고, 동그란 모양입니다. 사진에서 보듯이 신기하게 생겼습니다. 전체 크기는 5cm입니다. 토끼풀과 비슷하게 생겼지만 색이 조금 다릅니다."

"객석에 계신 기자분들은 질문을 잘 하셨고, 꽃 전문가도 대답을 잘 해 주셨습니다. 다 같이 박수 한번 주시죠."

"짝짝짝!"

아이들은 꽃 전문가와 기자가 되어 다 같이 슬라이드 자료를 보면서 서로 질문과 대답을 주고받았다. 자신이 찍은 꽃에 대해서는 누구보다 제일 잘 알았기 때문에 꽃 전문가라 불러도 손색이 없었다.

07

인공지능을 통해 시인이 된다고?
바드를 활용한 시 쓰기

공쌤이 시집을 한가득 가져오셨다.

- "얘들아, 이게 뭐처럼 보이니?"
- "선생님, 뭔 책을 이렇게 많이 가져오셨어요?"
- "무슨 책일까?"
- "책 제목이 '별처럼 꽃처럼'이네요."
- "다른 책도 있어요. '꽃을 보듯 너를 본다'라는 제목이에요."

지원이가 고개를 쑥 빼고 책을 살폈다.

🧑 "책들이 엄청 다양하네요. '꽃 동시 그림책', '즐거운 꽃 동시 놀이', '너처럼 예쁜 동시, 나태주 동시 따라 쓰기', '마음이 예뻐지는 동시, 따라 쓰는 꽃 동시', '내 마음의 동시'."

🧑 "선생님, 오늘 동시 읽어요?"

🧑 "우리가 제일 먼저 할 활동은 딱 10분 동안 시집을 읽고 마음에 쏙 드는 동시를 찾는 거야. 지금부터 시~작!"

🧑 "먼저 가져가는 사람이 임자!"

공쌤은 잔뜩 들고 온 시집들을 책상에 깔아 놓고 선착순으로 가져가도록 했다. 그러자 아이들이 보물이라도 되는 듯 서둘러 책들을 가져갔다.

🧑 "벌써 10분이 지났네. 마음에 쏙 드는 보물을 찾았니?"

🧑 "선생님, 10분만 더 주세요. 아직 못 골랐어요. 마음에 드는 게 너무 많아요."

🧑 "맞아요, 고르기 너무 힘들어요."

🧑 "흠, 어쩔 수 없군. 10분만 더 줄게."

🧑 "감사합니다!"

아이들이 시간을 더 달라며 조르자 공쌤은 못 이기는 척하며 10분 타이머를 더 돌렸다. 그러자 아이들은 더 집중해서 시집을 읽었다. 어떤 친구들은 서로 시집을 바꿔 읽으며 마음에 드는 시를 찾기도 했다.

🧑 "자, 이제 1분 남았다. 결정할 시간이야. 마음에 드는 동시를 골랐다면 빈 종이에 시를 적은 뒤 고른 이유도 함께 적어 보자."

아이들은 자기가 고른 시를 빈 종이에 옮겨 적기 시작했다. 정말 보물이라도 되는 듯 정성껏 적었다.

🧒 "다 적었어요. 이제 무얼 하나요?"
🧑 "이번 시간에는 우리가 조사한 꽃 정보와 꽃에 대해 느낀 점 그리고 너희들이 찾은 동시를 가지고 시를 써 볼 거야."
👧 "선생님, 시를 읽는 건 괜찮지만 쓰는 건 정말 어렵잖아요."

시윤이가 고개를 절레절레 저었다.

🧑 "시에는 다양한 종류가 있단다. 그리고 오늘은 시의 형식을 신경 쓰지 않고 자유롭게 써 볼까 해."
🧑 "그래도 시를 쓰는 건 너무 어려워요."
🧑 "그렇긴 하지만 꽃에 대한 시를 쓰는 거라 좀 낫지 않을까?"
🧒 "저희가 조사한 꽃에 대해서는 잘 알고 있지만, 시를 쓰는 건 동화만

큼이나 어렵다고요."

"맞아. 그래서……."

공쌤이 좋은 생각이 떠오른 듯한 표정을 지으면서 말을 멈췄다.

"대박! 저 알았어요. 시 쓰는 것도 초안을 인공지능한테 도움을 받으려고 하는 거죠?"

"이제 척하면 척이구나. 맞아! 초안이라는 말도 알고, 많이 늘었네. 시의 초안을 인공지능한테 맡겨 보려고 해."

"그러면 이번에도 ChatGPT에게 맡기나요?"

"오늘은 '바드'라는 인공지능에게 도움을 받을 거야."

"이것도 생성형 인공지능이에요?"

재혁이가 눈을 반짝이며 물었다.

"그래, ChatGPT처럼 사람이 쓰는 언어를 공부한 생성형 인공지능이지. 우리가 텍스트를 입력하면 그 명령어에 따라 언어로 대답해 주는 인공지능이야."

"동화는 ChatGPT로 쓰고, 시는 바드로 쓰는 거네요."

"이번에도 너희들이 원하는 명령어를 알려 주면 선생님이 바드에게 물어보고 그 대답을 확인한 후 너희들에게 보내 줄게."

"네, 선생님이 중간에서 먼저 봐 주시니까 저희도 마음이 놓여요."

아이들은 선생님을 통해 인공지능에게 시를 쓰기 위한 질문을 했다.

나의 꽃	개망초

 개망초를 알아?

A 네, 개망초는 국화과의 두해살이풀입니다. 꽃은 7~8월에 피며, 지름이 1~2cm 정도의 작은 꽃들이 모여 둥글게 무리를 이루는 두상화를 형성합니다. 꽃은 흰색, 분홍색, 보라색 등 다양합니다. 개망초는 꽃이 예쁘고 꽃말이 "희망"이기 때문에 최근에는 관상용으로도 재배되고 있습니다.

 개망초의 서식지는 어디니?

A 개망초는 전 세계적으로 널리 분포하는 식물입니다. 한국, 중국, 일본, 미국, 유럽 등에서 발견됩니다. 개망초는 습한 곳을 좋아하며 논, 밭, 둑길, 길가 등에서 자랍니다. 개망초는 생명력이 강하여, 한 번 자라면 잘 죽지 않습니다.

 개망초의 원산지는 어디니?

A 개망초의 원산지는 북아메리카입니다. 개망초는 19세기 중반에 관상용으로 유럽에 도입되었고, 이후 전 세계로 퍼졌습니다. 한국에는 1910년경에 도입되었으며, 현재는 전국에 널리 퍼져 있습니다.
개망초는 내한성이 강하고 번식력이 뛰어나서 빠르게 번식합니다. 개망초는 토양을 황폐화 시키고, 수질을 오염시키는 등 생태계에 악영향을 미칩니다. 개망초는 잡초로 분류되어 제거 대상입니다.

"창훈이는 인공지능에게 질문할 때 '서식지', '원산지' 같은 단어들을 쓰던데, 이런 말은 어떻게 알았어?"

"꽃 검색했을 때 알게 된 단어들이에요."

"저도 알아요. 서식지는 사는 곳을 말하고, 원산지는 처음 살던 곳을 말해요."

"제가 직접 찾은 꽃에 대해 조사할 때 관심 있게 봤어요."

창훈이의 목소리에 뿌듯함이 묻어 있었다.

"바드와 같은 생성형 인공지능이 알려 준 정보는 100% 정확하지 않아."

"그러면 어떻게 해요?"

"너희가 꽃을 검색하고 얻은 정보가 어디에서 나왔는지 확인했니?"

"인터넷 백과사전이었어요."

"그래, 잘했어. 백과사전 같은 것들을 통해 정보가 정확한지 다시 한 번 확인해야 해."

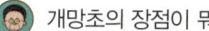 개망초의 장점이 뭐니?

 개망초는 토양을 개량하는 데 도움이 됩니다. 개망초는 뿌리가 깊고 넓게 뻗어 있어서 토양을 풀어 주고, 토양의 유기물을 증가시키는 데 도움이 됩니다.
개망초는 가축의 사료로 사용할 수 있습니다. 개망초는 단백질과 영양분이 풍부하여 가축의 사료로 적합합니다.
개망초는 바이오 연료로 사용할 수 있습니다. 개망초는 바이오매스의 좋은 공급원이며, 바이오 디젤과 바이오 에탄올을 생산하는 데 사용할 수 있습니다.
개망초는 천연 염색제로 사용할 수 있습니다. 개망초는 잎과 줄기에서 염료를 추출할 수 있으며, 이 염료는 옷감과 종이를 염색하는 데 사용할 수 있습니다.

 "선생님, 개망초의 장점에 대해 물어봤는데 어려운 단어가 나왔어요. 이럴 때는 어떻게 해요?"

 "그러면 쉽게 써 달라고 다시 요청해 볼까?"

  초등학생이 이해할 수 있는 표현으로 바꿔서 다시 써 줘. 예를 들면 다음과 같이 써 줘.

- 개량: 좋게 만들다.
- 토양의 유기물: 토양에 있는 썩은 나무와 풀 같은 물질
- 작물의 생육: 작물이 자라는 것
- 촉진: 어떤 일이 잘되도록 돕다.
- 추출: 어떤 물질을 다른 물질에서 뽑아내는 것
- 제거: 어떤 것을 없애다.

개망초는 뿌리를 깊고 넓게 뻗어 토양을 풀어 주고, 토양에 영양분을 공급합니다.
개망초는 단백질과 영양분이 풍부하여 가축의 사료로 적합합니다.
개망초는 바이오매스의 좋은 공급원이며, 바이오 디젤과 바이오 에탄올을 생산하는 데 사용할 수 있습니다.
개망초는 잎과 줄기에서 염료를 추출할 수 있으며, 이 염료는 옷감과 종이를 염색하는 데 사용할 수 있습니다.

 "이제 인공지능과 나눈 대화를 바탕으로 시를 써 달라고 해 보자."

  앞에 정보를 바탕으로 개망초에 대한 시를 써 줘.

 개망초

개망초는 잡초라고들 하지만
토양을 개량하고
가축의 사료가 되며
바이오 연료가 됩니다.

개망초는 천연 염색제로
옷감과 종이를 염색합니다.

개망초는 잡초지만
우리에게 많은 도움을 줍니다.

개망초를 소중히 여기고
잘 활용합시다.

 "선생님, 시가 써지긴 했는데 뭔가 정보만 들어간 것 같아요. 제가 느낀 점들을 넣어 보면 어떨까요?"

"좋은 생각이야. 이번에는 창훈이가 꽃을 조사하면서 느꼈던 점들을 넣어서 시를 써 달라고 해 보자."

 내가 개망초를 보고 느낀 점이야. 이것을 반영해서 시를 다시 써 줘.
- 모양이 계란 프라이처럼, 톱니 모양처럼도 생겼다. 꽃봉우리 색과 꽃의 색이 달라서 신기했다.

 개망초

길가에 피어 있는 개망초
모양이 계란 프라이처럼 생겼다.

잎은 톱니 모양으로
바람에 살랑살랑 흔들린다.

꽃봉우리는 노란색이고
꽃은 흰색이다.

꽃봉우리 색과 꽃 색이 달라서 신기하다.

개망초는 잡초라고들 하지만
나에게는 아름다운 꽃이다.

개망초를 보면서
자연의 소중함을 느낀다.

 "선생님, 저는 인공지능한테 제가 조사한 꽃의 정보와 느낀 점을 같이 알려 주고, 시를 쓰게 하고 싶어요."

 "그러면 지원이의 아이디어처럼 한 번에 정보를 입력해서 결과를 확인해 보자."

| 나의 꽃 | 참꽃마리 |

 내가 참꽃마리에 대해 알려 줄게. 그 내용을 가지고 동시를 만들어 줘.

1. 꽃 정보
   1) 이름: 참꽃마리
   2) 전체 크기나 높이: 10~30cm
   3) 꽃 모양과 색깔: 연한 하늘색, 꽃잎 5개, 꽃잎은 계란 모양

2. 꽃에 대한 내 느낌
   꽃이 너무 작아서 잘 보이지 않았지만, 자세히 보니 섬세하고 예뻤다. 꽃이 하늘색인데, 더 연한 하늘색이 있어서 신기했다. 그리고 연노랑색, 하얀색과 함께 섞여 있어서 더 아름다웠다.

 참꽃마리

참꽃마리 참꽃마리
작고 앙증맞은 꽃
하늘색 꽃잎은
바람에 흔들흔들

연노랑색, 하얀색과 함께
더 아름다운 꽃
참꽃마리 참꽃마리
사랑스러운 꽃

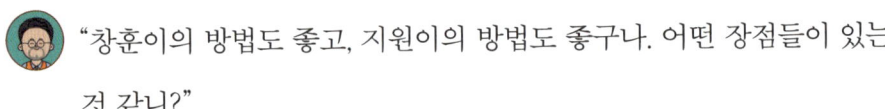
"창훈이의 방법도 좋고, 지원이의 방법도 좋구나. 어떤 장점들이 있는 것 같니?"

"창훈이 방법은 시간이 조금 더 걸리지만 인공지능이 알고 있는 정보와 제가 조사한 정보를 서로 확인해 볼 수 있어요."

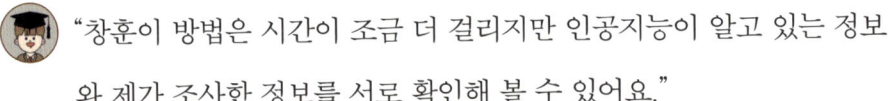
"맞아요. 그리고 창훈이 방법은 정보만 가지고 쓰는 시와 느낀 점을 반영한 시가 많이 다르다는 사실을 알게 해 주었어요. 그래서 저도

동시를 쓸 때 느낀 점을 더 많이 넣도록 해야겠다고 생각했어요."

"지원이의 방법은 간편해서 좋아요. 시를 인공지능에게 만들도록 하는 게 우리의 목표여서 빨리 만들 수 있어요."

"선생님, 사실은 창훈이가 한 과정을 보고 '이렇게 쓰면 되겠다.'라고 생각했어요. 창훈이 방법을 보지 못했으면 바로 시를 만들라는 질문을 찾지 못했을 거예요."

아이들은 자신의 생각을 솔직하게 이야기했다.

"와, 다들 진짜 훌륭하다. 우리가 생성형 인공지능에게 명령할 때 쓰는 문장들을 프롬프트라고 해. 그리고 프롬프트를 잘 쓰는 사람들을 프롬프트 전문가라고 하지."

"프롬프트 전문가는 무슨 일을 해요?"

"두 가지 역할을 한단다. 우선 사용자가 좀 더 나은 명령어를 쓸 수 있도록 도와줘. 그리고 생성형 인공지능이 사람들에게 명확하고 좋은 대답을 제공하도록 컴퓨터에게 알려 주지."

"아하, 프롬프트 전문가는 사용자들이 생성형 인공지능을 잘 쓸 수 있도록 도와주는 사람이로군요!"

창훈이가 흥미롭다는 표정을 지었다.

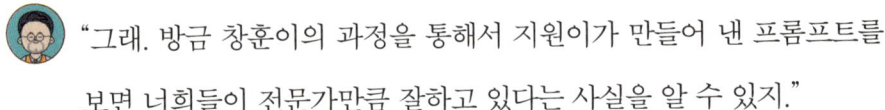
"그래. 방금 창훈이의 과정을 통해서 지원이가 만들어 낸 프롬프트를 보면 너희들이 전문가만큼 잘하고 있다는 사실을 알 수 있지."

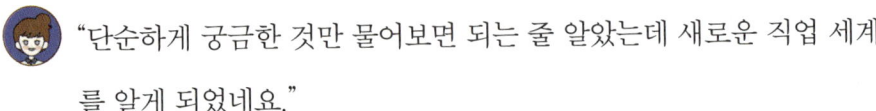
"단순하게 궁금한 것만 물어보면 되는 줄 알았는데 새로운 직업 세계를 알게 되었네요."

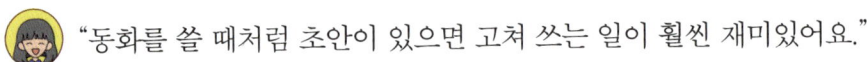
"이제 지원이의 명령어를 참고해서 동시를 만들어 보자. 하지만 인공 지능이 만들어 낸 동시는 초안이라는 점을 명심해야 해. 그리고 반드시 자신의 생각을 넣어서 고쳐 쓰는 과정을 거쳐야 한단다."

"동화를 쓸 때처럼 초안이 있으면 고쳐 쓰는 일이 훨씬 재미있어요."

아이들은 지원이의 프롬프트를 참고해서 자신이 조사한 꽃 정보와 느낀 점을 정리해 바드에게 물어보았다.

나의 꽃	카네이션

  아래는 카네이션에 대한 정보와 느낀 점이야. 이것으로 5연으로 이루어진 동시를 써 줘.

1. 꽃 정보
카네이션은 여러해살이풀. 예전부터 세계 곳곳에서 기른 까닭에 원산지는 정확히 알 수 없다. 80cm 남짓한 키에 잎이 5개인 꽃이 핀다. 원래 꽃의 색깔은 연분홍색을 띤 자주색이지만 현재는 흰색, 녹색 등으로 다양하게 개발되었다. 6월 15일의 탄생화이다.

카네이션은 물이 담긴 꽃병이나 수반에 꽂아 두는 용도로 많이 쓰이는 꽃이다. 물을 좋아하기 때문에 카네이션 화분은 흙이 항상 촉촉하게 젖은 상태를 유지해야 한다. 다만 꽃과 잎에 직접 물을 뿌리면 좋지 않기 때문에 밑에서부터 물을 흡수하게 하는 방식으로 준다.

햇볕이 쨍쨍한 곳에 두면 잘 살면서 꽃을 계속 피운다. 시드는 꽃은 말라비틀어지기 전에 미리 떼어 주면 나머지 꽃이 싱싱하게 유지된다.

2. 꽃에 대한 내 느낌
어버이날에 부모님께 드리는 꽃이라서 그런지 카네이션을 보면 엄마가 생각난다. 감사한 마음을 전할 수 있는 카네이션은 사랑을 전해 주는 꽃인 것 같다.

 카네이션

카네이션은 붉은 꽃
어버이날에 드리는 꽃
엄마와 아빠에게
감사의 마음을 전하는 꽃

카네이션은 사랑의 꽃
어린아이의 순수한 마음
어머니의 넉넉한 사랑
아버지의 듬직한 사랑

카네이션은 희망의 꽃
어두운 밤을 밝히는 빛
어려운 시기를 이겨낼 수 있는 힘
포기하지 않는 용기

카네이션은 행복의 꽃
웃음과 기쁨을 가져다주는 꽃
평화롭고 따뜻한 세상
지속적인 발전

카네이션은 우리에게
사랑과 행복을 가져다주는 꽃
사랑하는 사람들에게 카네이션을 선물하며
감사와 존경의 마음을 전합시다.

| 나의꽃 | 장미 |

 나는 장미에 대해서 조사했어. 장미에 대한 정보와 내가 느낀 점을 알려 줄게. 이것을 참고해서 장미에 대한 동시를 만들어 줘. 기대할게.

1. 꽃 정보
1) 이름: 장미
2) 전체 크기: 1m
3) 꽃 모양과 색깔: 꽃잎이 겹겹이 쌓인 둥근 모양, 빨간색

2. 꽃에 대한 내 느낌
장미가 빨간색이여서 하트 색깔 같았고, 줄기에 있는 가시가 있어서 찔릴까 봐 무서웠다. 하지만 장미에 가시가 없으면 장미의 매력이 없어질 것 같다.

 장미

장미는 빨간 꽃
사랑과 열정의 꽃
꽃잎은 겹겹이 쌓여
둥근 모양을 이룬다.

장미 줄기에는 가시가 있다.
찔릴까 봐 무섭지만
가시가 없으면 장미의 매력이 없어질 것이다.

장미는 아름다운 꽃
사랑하는 사람에게 선물하기 좋은 꽃
장미를 보면서
사랑과 행복을 느낍니다.

나태주 시인의 '풀꽃'이란 시를 아니? 이 시의 형식을 참고해서 장미에 대한 동시를 다시 써 줘.

 장미

길가에 피어 있는 장미
자세히 보아야 예쁘다.

꽃잎은 붉지만
향기는 진하다.

장미는 고귀하지만
아름답다.

장미는 우리에게
사랑의 소중함을 일깨워 준다.

장미를 보면서
행복함을 느낍니다.

장미는 빨간 하트
사랑을 표현하는 꽃
장미를 선물 받으면
행복하고 설렌다.

장미는 가시가 있지만
그 가시가 장미의 매력을 더해 준다.
장미는 사랑의 꽃
사랑하는 사람에게 장미를 선물하자.

나의 꽃	붉은토끼풀

 붉은토끼풀에 대해서 알고 있니? 내가 아는 정보를 알려 줄 테니까 이 내용으로 동시를 만들어 봐.

1. 꽃 조사 정보
   - 촬영 날짜와 시간: 2023년 5월 15일 오전 10시
   - 사진을 찍은 장소: 구령대쪽
   - 꽃이 핀 정도(0~100%): 100%
   - 꽃을 관찰할 때 날씨: 바람이 불고 쌀쌀한 날씨

2. 꽃 정보
   - 붉은토끼풀
   - 전체 크기: 5cm
   - 꽃 모양과 색깔: 동그라미, 연한 보라색

3. 꽃에 대한 내 느낌
   - 토끼풀은 길에서 자주 볼 수 있다. 흔하지만 자세히 보면 아름답다. 그리고 우리 동네에서도 보인다. 친구들이랑 같이 노는 것처럼 토끼풀도 같이 자란다.

4. 붉은토끼풀 영상 내용 요약
   - 붉은토끼풀은 초원에서 잘 자라고, 잎의 색깔은 연한 보라색이다. 그래서 아름답다. 그리고 모여서 같이 자라는 게 사랑스럽다.

 붉은토끼풀

토끼풀이 피었네.
길가에, 우리 동네에도.
보라색 꽃이 둥글게,
봄의 들판을 아름답게 장식해.

토끼풀은 우리에게,
행복을 가져다주지.
여기저기

토끼풀, 토끼풀,
사랑스러운 토끼풀.

| 나의 꽃 | 금낭화 |

 금낭화라는 꽃을 알아?

 이것은 금낭화에 대한 설명과 나의 느낌이야.

1. 금낭화에 대한 설명
금낭화가 처음으로 자라난 곳은 대한민국이며, 강원도를 여행하다 보면 집마다 화단에 심어 둔 모습을 볼 수 있을 정도로 인기 많은 원예종입니다.

예쁜 꽃을 보려면 2년 정도 가꾸어야 합니다. 꽃은 분홍색으로 5~6월에 핍니다. 줄기 끝에서 차례로 피어나고, 꽃은 볼록한 주머니 모양입니다. 꽃잎은 4개가 심장 모양이고, 바깥 꽃잎 2개는 밑 부분이 꿀주머니로 되어 있습니다. 꽃받침은 잎이 두 개로 가늘고 작으며, 일찍 떨어집니다.

열매는 6~7월에 길쭉하게 긴 원형으로 달립니다. 꼬투리는 가지 안쪽에서 꽃이 핀 순서에 따라 가지 끝쪽으로 주렁주렁 매달려 있습니다. 전체 높이는 40~50cm입니다. 줄기는 연약하며 곧게 섭니다. 잎의 마디마다 방향이 다릅니다. 잎자루는 깁니다.

2. 금낭화에 대한 내 느낌
금낭화의 모양을 보면서 하트가 떠올랐어. 또 금낭화의 색깔이 분홍색이라 더 예뻤던 것 같아. 너는 금낭화에 대해 어떻게 생각해?

 이것으로 5연의 시를 써 줘.

 금낭화

1연
길가에 피어 있는 작고 소박한 꽃
분홍빛 하트 꽃 금낭화

2연
어두운 겨울이 지나고 봄이 왔음을 알려 주는 꽃
금낭화는 우리에게 희망을 주는 꽃
사랑을 주는 꽃 행복을 주는 꽃

3연
금낭화는 우리의 친구
항상 우리 곁에 있어 주는 친구
금낭화는 우리의 소중한 존재
우리의 삶을 풍요롭게 하는 존재

4연
금낭화는 우리에게 사랑을 주는 꽃
희망을 주는 꽃 행복을 주는 꽃
금낭화는 우리의 친구
우리의 소중한 존재

5연
금낭화는 우리의 삶에
사랑과 행복을 가져다주는 꽃

나의 꽃	노랑꽃창포(구근 아이리스)

  노랑꽃창포는 구근 아이리스라는 이름을 가지고 있어. 나는 이런 내용을 조사해서 알고 있어. 네가 나의 느낀 점을 중심으로 구근 아이리스를 주제로 동시를 만들어 줘. 리듬감이 있는 시를 만들고 싶어.

1. 촬영 날짜와 시간
   - 23년 05월 15일 오전 9시 23분 쯤

2. 사진을 찍은 장소
   - 급식소 왼쪽

3. 꽃이 핀 정도(0~100%)
   - 96%

4. 꽃을 관찰할 때 날씨
   - 따뜻하고 맑은 날씨

5. 꽃 정보
   1) 이름: 노랑꽃창포
   2) 전체 크기: 높이 20cm를 넘지 않음. 15cm 정도
   3) 꽃 모양과 색깔: 노란색, 꽃잎 6개

6. 꽃에 대한 내 느낌
   - 털이 없어 깨끗하다.
   - 잎 아랫부분은 창포와 닮았지만 문질러도 창포향은 나지 않는다.
   - 왠지 이 꽃은 우울해 보인다. 잎의 끝이 축 처져 있기 때문이다.

7. 영상 요약
   - 노랑꽃창포는 연못 가장자리에 심을 수 있지만, 수심 30cm 내외에서는 물 안에서 키울 수도 있다. 꽃이 지고 나서도 잎만으로 관심을 가질 가치가 충분한 품종이다.

 구근 아이리스

노랑꽃창포, 구근 아이리스
잎이 없어 깨끗해
창포와 비슷해 보여도
향기가 나지 않아
잎 끝이 축 처져 있어
우울해 보여도
강인한 생명력 있어

꽃이 지고 나서도
잎만으로도 가치 있어
생명의 소중함을 느끼게 해
희망과 용기를 주네

 "다들 시 초안은 잘 만들었니?"
 "마음에 드는 부분도 있고 아닌 부분도 있어요."

민희의 얼굴에 고민이 담겨 있었다.

 "시인들도 시를 쓸 때 한 번에 쓰지는 않는대. 너희들도 시인들처럼 처음 쓴 시를 고치고 또 고치는 과정을 거치면 좋을 것 같아."
 "선생님, 제가 꽃을 보고 느낀 점을 중심으로 고쳐도 될까요?"
 "꽃을 처음 보았을 때의 느낌도 좋고, 조사하면서 느낀 점도 좋아. 너의 생각이 들어간 시면 좋을 것 같아. 감정 일기를 쓰듯 너만의 시로 만들어 보자."
 "처음에는 글 쓰는 게 막연했는데 인공지능과 함께 쓰니까 마냥 어렵다고 생각되지 않아서 좋아요."

"처음부터 끝까지 인공지능에 의존해서 쓰기보다는 필요한 부분에 적절하게 사용한다면 그만큼 바른 사용법은 없을 거야. 너희들은 지금 잘하고 있어."

아이들은 바드 인공지능이 쓴 시를 그대로 쓰지 않고 자신의 느낌이 담긴 꽃 동시로 만들려고 계속 고쳐 쓰면서 서로 이야기를 나눴다.

08

공쌤반 시인들의 역습
우리들의 시 vs 인공지능의 시

 "선생님, 저 완성했어요. 한번 봐 주세요."

 "저도요. 저도 완성했어요."

시를 완성한 아이들은 공쌤에게 먼저 보여 주고 싶어했다.

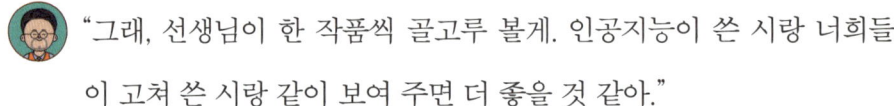 "그래, 선생님이 한 작품씩 골고루 볼게. 인공지능이 쓴 시랑 너희들이 고쳐 쓴 시랑 같이 보여 주면 더 좋을 것 같아."

아이들은 인공지능이 쓴 시와 자신이 쓴 시를 비교하면서 한 명씩 순서대로 읽었다.

창훈이의 개망초

바드가 쓴 시	내가 쓴 시
개망초 길가에 피어 있는 개망초 모양이 계란 프라이처럼 생겼다. 잎은 톱니 모양으로 바람에 살랑살랑 흔들린다. 꽃봉우리는 노란색이고 꽃은 흰색이다. 꽃봉우리 색과 꽃 색이 달라서 신기하다. 개망초는 잡초라고들 하지만 나에게는 아름다운 꽃이다. 개망초를 보면서 자연의 소중함을 느낀다.	개망초 어두운 겨울이 지나면 개망초가 나타나요. 그들은 길가와 빈터에 나타나서 봄과 여름을 알려 줘요. 개망초는 잡초지만, 아름다워요. 잡초란 이유로 개망초를 무시하지 마세요. 개망초는 잡초지만, 쓸모없지 않고 사람에게 이로워요. 개망초는 잡초지만, 어떤 어둠 속에서도 항상 빛을 발해요. 개망초는 회복력 있는 꽃이에요. 어떤 타격을 받더라도, 우리는 항상 일어설 수 있어요. 개망초는 흔하지만, 그렇다고 아름답지 않은 게 아니에요. 그리고 그들은 우리에게 많은 것을 가르쳐 줄 수 있어요. 그러니 개망초를 볼 때는 무시하지 마세요. 멈추고 잠시 감상하세요. 그러면 이것이 잡초란 생각을 잊어버릴 거예요.

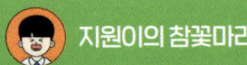 지원이의 참꽃마리

바드가 쓴 시	내가 쓴 시
참꽃마리 참꽃마리 참꽃마리 작고 앙증맞은 꽃 하늘색 꽃잎은 바람에 흔들흔들 연노랑색, 하얀색과 함께 더 아름다운 꽃 참꽃마리 참꽃마리 사랑스러운 꽃	참꽃마리 학교에서 나는 참꽃마리를 보았어. 연한 하늘색의 작은 꽃. 나는 세 가지 색이 너에게 있다는 것을 발견했어. 그건 위를 보면 보이는 하늘과 구름을 섞어 놓은 듯한 연한 하늘색, 귀여운 병아리가 떠오르는 연노랑색, 맑고 뽀얀 하얀색이 있었지. 너는 참 예쁘고 작았어. 하지만 넌 작아도, 커도 항상 웃고 있을 것만 같아. 너는 외롭지 않겠다. 한 줄기에 너의 친구들이 많으니까. 너는 겸손했지만 참 아름다웠어. 나는 너를 가까이서 보았지. 꽃잎은 부드럽고 섬세했고, 나는 네가 얼마나 섬세한지 감탄했어. 나는 오늘 참꽃마리가 아름답다는 것을 배웠어. 그리고 너를 보호하는 게 중요하다는 것을 배웠지. 나는 할 수 있는 한 오랫동안 너를 기억할 거야.

 준형이의 카네이션

바드가 쓴 시	내가 쓴 시
카네이션 카네이션은 붉은 꽃 어버이날에 드리는 꽃 엄마와 아빠에게 감사의 마음을 전하는 꽃 카네이션은 사랑의 꽃 어린아이의 순수한 마음 어머니의 넉넉한 사랑 아버지의 듬직한 사랑 카네이션은 희망의 꽃 어두운 밤을 밝히는 빛 어려운 시기를 이겨낼 수 있는 힘 포기하지 않는 용기 카네이션은 행복의 꽃 웃음과 기쁨을 가져다주는 꽃 평화롭고 따뜻한 세상 지속적인 발전 카네이션은 우리에게 사랑과 행복을 가져다주는 꽃 사랑하는 사람들에게 카네이션을 선물하며 감사와 존경의 마음을 전합시다.	카네이션 카네이션 원산지는 정확히 알 수 없지만 예전부터 세계 곳곳에서 길러 온 카네이션 예전부터 살아왔던 오래오래 산 꽃 존경을 상징한, 오래 살아서 존경스러운 꽃 사랑을 상징한 사랑스러운 꽃 카네이션은 우리의 삶에 아름다움을 선사합니다 부모님께 선물로 드리는 아름다운 카네이션 6월 15일의 탄생화 카네이션 아름다운 카네이션은 항상 우리 곁에 있습니다.

시윤이의 장미

바드가 쓴 시	내가 쓴 시
장미 길가에 피어 있는 장미 자세히 보아야 예쁘다. 꽃잎은 붉지만 향기는 진하다. 장미는 고귀하지만 아름답다. 장미는 우리에게 사랑의 소중함을 일깨워 준다. 장미를 보면서 행복함을 느낍니다.	장미 장미가 빨간색이어서 하트가 떠올라 장미를 만져 보고 싶었다. 하지만 나는 줄기에 있는 가시에 찔릴까 봐 무서웠다. 나는 장미에 가시가 없길 바랐다. 하지만 장미에 가시가 없으면 그 매력이 사라질 것 같았다. 나는 장미를 가까이에서 보고 싶었지만, 나는 또한 찔릴까 봐 두려웠다. 그래서 나는 그냥 멀리서 바라본다. 그리고 그 아름다움을 즐긴다. 만약 장미의 줄기에 가시가 없다면 정말 완벽할 것이다. 하지만 장미는 오직 아름다운 꽃잎만을 가진 밋밋한 꽃이 될 뿐이다. 장미는 가시가 있어서 특별하다. 왜냐, 가시가 있는 꽃들은 정말 희귀하니까.

재혁이의 붉은토끼풀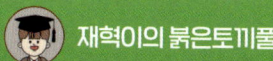

바드가 쓴 시	내가 쓴 시
붉은토끼풀 토끼풀이 피었네, 길가에, 우리 동네에도. 보라색 꽃이 둥글게, 봄의 들판을 아름답게 장식해. 토끼풀은 우리에게, 행복을 가져다주지. 여기저기 토끼풀, 토끼풀, 사랑스러운 토끼풀.	붉은토끼풀 토끼풀, 토끼풀, 작은 보라색 꽃, 잔디밭에서 자라는 소리 쑥, 쑥 토끼풀의 보라색은 항상 빛난다. 토끼풀, 토끼풀, 행운의 상징인 꽃, 누군가가 토끼풀을 뽑았을 때, 어딘가에서 또 자라는 소리 쑥, 쑥, 토끼풀, 토끼풀, 행운의 상징인 꽃을, 찾지 못해도 당신은 빛난다. 찾든 말든 토끼풀은 어딘가에 숨어서 당신을 축복하고 있으니까.

 아람이의 금낭화

바드가 쓴 시	내가 쓴 시
금낭화 길가에 피어 있는 작고 소박한 꽃 분홍빛 하트 꽃 금낭화 어두운 겨울이 지나고 봄이 왔음을 알려 주는 꽃 금낭화는 우리에게 희망을 주는 꽃 사랑을 주는 꽃 행복을 주는 꽃 금낭화는 우리의 친구 항상 우리 곁에 있어 주는 친구 금낭화는 우리의 소중한 존재 우리의 삶을 풍요롭게 하는 존재 금낭화는 우리에게 사랑을 주는 꽃 희망을 주는 꽃 행복을 주는 꽃 금낭화는 우리의 친구 우리의 소중한 존재 금낭화는 우리의 삶에 사랑과 행복을 가져다주는 꽃	산에서 자라는 예쁜 꽃 금낭화, 산에서 자라는 꽃, 심장처럼 생겼어요. 금낭화는 예쁜 분홍색이에요. 금낭화, 사랑과 낭만의 상징, 나는 금낭화에게 느끼는 것을 말할 수 있어요. 나의 마음에 있는 모든 것. 금낭화, 세상에서 가장 아름다운 꽃이에요. 금낭화는 나를 웃게 하고, 나의 하루를 밝게 해 주어요.

바드가 쓴 시	내가 쓴 시
구근 아이리스 노랑꽃창포, 구근 아이리스 잎이 없어 깨끗해 창포와 비슷해 보여도 향기가 나지 않아 잎 끝이 축 처져 있어 우울해 보여도 강인한 생명력 있어 꽃이 지고 나서도 잎만으로도 가치 있어 생명의 소중함을 느끼게 해 희망과 용기를 주네	노랑꽃창포 노랑꽃창포야, 넌 아주 포근하고 따뜻한 노란색을 띠고 있어 그리고 넌 잎에 털이 없어 너를 볼 때 내 마음도 깨끗해지는 느낌이 들어 잎 아랫부분은 창포와 닮았지만 아무리 문질러도 창포 향이 나지 않아 신기해 단점은 넌 항상 왠지 우울해 보여 잎 끝 쪽이 축 처져 있기 때문이야. 하지만 괜찮아. 여름이 되면 다시 꽃을 피워 누구보다 밝게 빛날 테니까

민희의 노랑꽃창포(구근 아이리스)

 "정말 너희들이 쓴 시가 맞니?"

 "선생님, 우리랑 계속 같이 계셨잖아요."

 "그러니까 말이야! 선생님이 의심하는 게 아니라 믿기지 않아서 그래. 정말 잘 써서 깜짝 놀랐어. 다들 어떻게 쓴 거니?"

🧑 "처음에는 인공지능이 쓴 시를 보면서 썼는데 어느 순간부터는 제가 다시 썼어요. 그랬더니 나중에는 완전히 다른 시가 되었어요."

🧑 "저도요. 내 생각을 표현하는 데 더 집중했던 것 같아요."

아이들은 저마다 자신들이 시를 쓴 과정을 털어놓았다. 그러다 서로 비슷한 과정을 겪었다는 점을 깨닫고 신기해했다.

🧑 "너희들의 소중한 동시들을 그냥 둘 수 없구나. 제대로 된 작품으로 만들어 보자. 일단은 푹 쉬고 다음에 방법을 알려 줄게. 다음 시간에 만나요, 공쌤반 시인들~!"

09

시화 만들기
그림과 시가 있는 작품

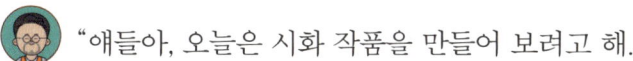 "얘들아, 오늘은 시화 작품을 만들어 보려고 해."
 "시화가 뭐예요?"
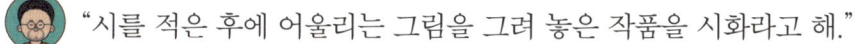 "시를 적은 후에 어울리는 그림을 그려 놓은 작품을 시화라고 해."
 "저희는 시는 완성했으니까 그림만 그리면 되겠네요."
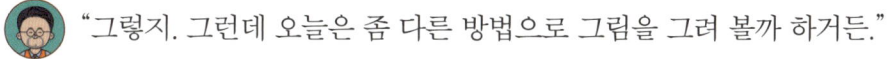 "그렇지. 그런데 오늘은 좀 다른 방법으로 그림을 그려 볼까 하거든."

공쌤이 아이들을 바라보며 고개를 끄덕였다.

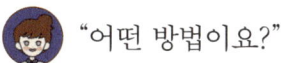 "어떤 방법이요?"
 "'미리캔버스'라는 에듀테크를 활용할 거야. 화면을 볼까?"

화면	내용

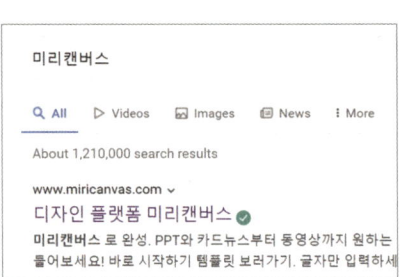	"검색창에 '미리캔버스'라고 입력해 보자."
	  "한글로 쓰면 되죠?"
	  "그래. www.miricanvas.com 으로 들어가도 돼."

	"'바로 시작하기'를 눌렀어요." "그래, 잘했어. 바로 만들어 보자."
	"'디자인 만들기'를 누를게요."
	"새로운 창에서 '포스터'를 입력하면 돼." "'인쇄용' 탭에 '포스터-세로형'이 있어요."

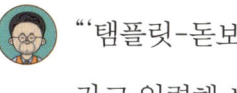 "'템플릿-돋보기'에서 '꽃'이라고 입력해 보자."
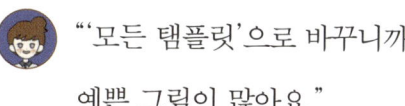 "'모든 템플릿'으로 바꾸니까 예쁜 그림이 많아요."
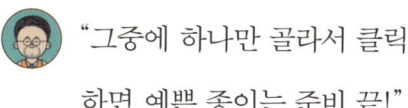 "그중에 하나만 골라서 클릭하면 예쁜 종이는 준비 끝!"

 "이제 글씨를 쓰면 되겠네요."
 "'텍스트-폰트-손글씨 스타일-더보기'를 차례대로 눌러 보자."

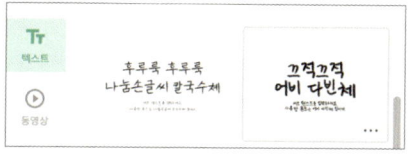
 "끄적끄적 손글씨가 마음에 들어요."
 "이제 시 내용만 입력하면 돼."

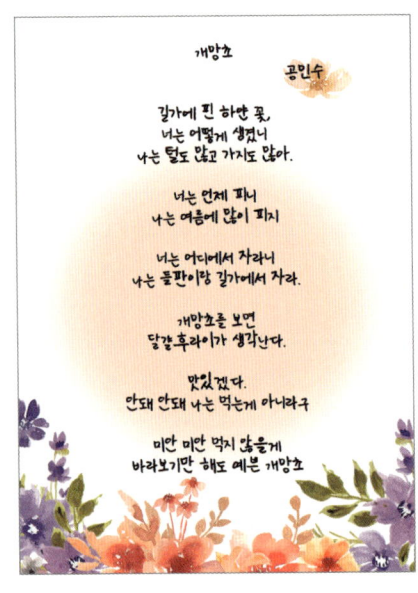

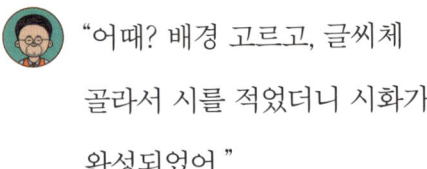

"어때? 배경 고르고, 글씨체 골라서 시를 적었더니 시화가 완성되었어."

"와, 역시 공쌤! 저도 해 보고 싶어요."

"진짜 멋져요."

"잠시만~!"

"시화를 만들기 전에 아쉬운 점으로 뭐가 있을지 미리 생각해 볼까?"

"예쁜 배경에 글씨까지 마음에 드는데, 뭐가 더 있을까요?"

"우리가 무엇을 주제로 동시를 지었지?"

"당연히 우리 학교에 핀 꽃을 주제로 만들었죠."

지원이가 또박또박 힘주어 말했다.

"그러면 자기 동시에 어떤 그림이 들어가면 가장 잘 어울릴까?"

최강의 AI 공쌤반 아이들

"저희가 직접 찍은 사진이 들어가면 좋을 것 같아요."

"맞아! 그래서 시 내용에 어울리게 꽃 사진을 넣으려고 해. 시에 넣는 그림은 시를 읽는 데 방해가 되지 않도록 해야 해. 그러니 꽃 사진의 배경은 없애고 온전히 꽃만 보이도록 하면 좋을 거야."

"그런데 꽃 사진을 찍을 때 풀밭이 다 보이게 찍었는데 어쩌죠?"

"선생님이 사진 배경 제거 사이트를 알려 줄게. 화면을 같이 볼까?"

화면	내용
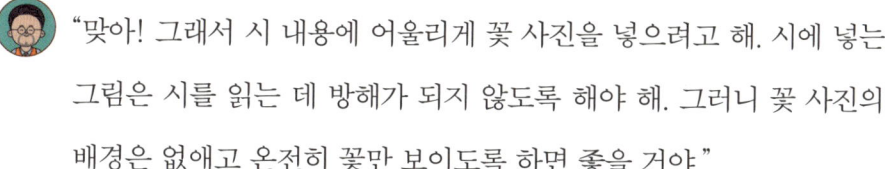	"인터넷 검색창에서 '배경 제거'라고 입력해 보자." "'이미지 배경 제거, 투명 배경 만들기' 같은 게 보여요. 이거 클릭할게요."
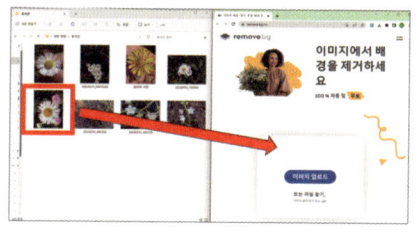	"꽃 사진이 저장된 폴더를 열고, 꽃 사진 파일을 마우스로 클릭한 채 배경 제거 사이트로 옮겨 봐."

 "마우스로 클릭한 것을 배경 제거 사이트 위에 놓으니까 배경이 없어졌어요."

"이제 다운로드를 누르면 돼."

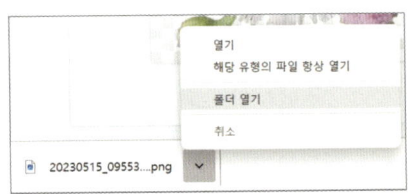
 "이제부터는 저도 알아요. 화면 왼쪽 밑에 있는 화살표를 누르고 '폴더 열기' 하면 돼요."

 "원본 사진이랑 배경 제거 사진이랑 비교하니까 어때?"

 "배경이 없으니까 꽃이 더 확실하게 보여요."

 "자, 지금부터 배경이 제거된 꽃 사진을 세 개 이상 모아 보자."

아이들은 꽃만 보이도록 하는 방법이 신기했는지 배경을 제거한 꽃 사진을 열 개 이상씩 만들었다.

"다했으면 '미리캔버스'를 다시 확인해 보자."

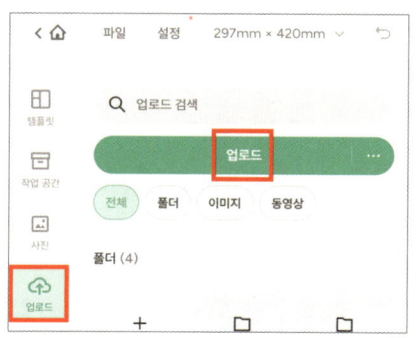

"새로운 자료를 올리려면 어디를 이용해야 할까?"
"'업로드' 탭에서 '업로드' 버튼을 눌러요."

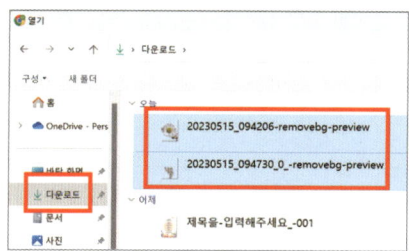

"새로운 창에서 '다운로드' 폴더를 누르면 방금 배경을 제거했던 사진들이 보일 거야."
"네, 파일 이름 뒤에 '-removebg-preview'라고 적혀 있어요."
"그 파일들을 선택한 뒤 오른쪽 밑에 '열기'를 클릭해 봐."

 "꽃 사진들이 보여요."
 "하나씩 클릭하면 어떻게 되지?"

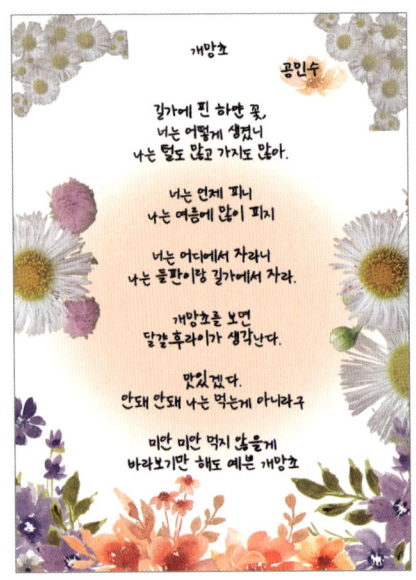
 "작품에다 넣을 수 있어요."
 "똑같은 꽃이라도 배경을 제거해서 넣으면 시와 어울리게 배치할 수 있어."
 "선생님, 저도 제 것으로 얼른 해 볼래요."

    아이들은 배경을 제거하는 인공지능 기능을 알게 되자 더 열심히 작품을 만들었다. 단순히 예쁘게 하기보다 자기가 직접 찍은 꽃으로 자신만의 시화 작품을 만들 수 있다는 기대에 더 열심히 했다.

"자, 완성했으면 공쌤반 게시판에 올려서 다 같이 감상할 수 있게 전시해 보자."

아이들은 저마다 시의 내용과 어울리는 꽃들을 배치한 뒤 귀엽고 아기자기한 캐릭터나 요소들을 넣어서 시화 작품을 완성했다.

"얘들아, 시화 작품까지 완성한 너희들이 자랑스럽다. 우리가 그동안 만들었던 작품들이 한곳에 모였구나. 기대감을 갖고 다음 시간에 마무리까지 해 보자."

순서

1) 잘 그리느냐 못 그리느냐, 그것이 문제일까?
2) 오토드로우를 활용해 스케치하기
3) 추상화 게임하기
4) 오토드로우의 원리는 뭘까?
5) 어떤 과일을 좋아해?
6) 꿈을 담은 스케치 그리기
7) 보물을 찾으려면 지도를 잘 기억해야 해!
8) 웹툰 AI 페인터: 색칠을 도와주는 인공지능
9) 딥러닝: 인공지능의 공부 방법
10) 이 작품은 내 작품인가, 인공지능 작품인가?
11) 작가는 도슨트: 작품 전시회

사용 프로그램

- 오토드로우(AutoDraw)
- 웹툰 AI 페인터(Webtoon AI Painter)
- 띵커벨 퀴즈

5장

화가가 되어 보자!

도슨트 AI 프로젝트

01

잘 그리느냐 못 그리느냐, 그것이 문제일까?

대망의 마지막 AI 프로젝트가 공개되는 날이 왔다.

 "오늘 미술 시간에는 그림을 그려 볼까?"

공쌤이 갑자기 능청스러운 목소리로 말했다. 사전에 미술 도구나 재료 등을 준비하라는 말이 없었던 터라 아이들은 의아해했다.

 "선생님, 오늘 준비물에 물감이랑 붓도 없었는데요? 에이~, 도화지도 없잖아요!"

준형이가 고개를 갸웃거리며 물었다.

🧑‍🏫 "오늘부터 하는 그림 그리기는 물감이랑 붓이 없어도 돼."

그러자 창훈이가 손을 들고 얘기했다.

👦 "선생님, 그림 그리는 건 잘하는 애들만 재미있어요. 그런데 전 못 그린단 말이에요. 그리기 말고 만들기 하고 싶어요."

🧑‍🏫 "미술 시간에 그림 그릴 때 어떤 게 제일 힘들었어? 일단 스케치는 어때? 솔직하게 말해 보자."

👦 "저는 뭐부터 그려야 할지 모르겠어요. 게다가 그리고 싶은 게 생각나도 그릴 줄 모르니까 답답해요."

지원이는 매번 하는 고민인 듯 한숨을 푹푹 쉬었다. 자신이 없어서 고개를 절레절레 흔드는 친구도 있었다.

🧑‍🏫 "선생님이 그림 주제를 하나 제시해 볼게. '바닷속 상상화'라고 하면 어떻게 할래?"

👧 "먼저 파도를 그릴래요. 그리고 밑에 물고기랑 바위, 물에서 자라는 풀 정도만 그릴 거예요."

🧒 "저는 그리고 싶은 게 생겨도 그릴 줄 모르니까 막막해요. 예를 들어 거북이를 그리고 싶지만 막상 어떻게 그려야 할지 몰라서 결국엔 그리지 않게 돼요."

👦 "머릿속에는 거북이 모습이 떠오르지만 그리려고 하면 쉽지 않더라고요. 그래서 저는 매번 졸라맨 같은 막대 인간만 그려요."

아이들은 스케치할 때 시간이 오래 걸리는 이유에 대해 돌아가면서 말했다. 대부분 아이디어가 떠올라도 도화지에 그것을 구체적으로 그려내는 일을 가장 힘들어 했다.

👨 "그러면 스케치를 끝내고 색칠할 때는 어떠니?"

👩 "사실 색칠이 더 문제예요. 지난번에 선생님이 미술 시간 전에 숙제로 스케치를 내 주셨잖아요. 정말 열심히 노력해서 도화지 몇 장을 날리고 겨우 한 장 성공했거든요. 그래서 이번에는 잘할 수 있을 것 같다고 생각했단 말이죠. 그런데 색칠을 다하고 나니까 너무 마음에 안 들었어요."

👦 "와, 나도 그런 적 있었는데! 그럴 때는 한순간에 망한 느낌이에요."

아이들이 색칠할 때의 문제점에 공감하며 같이 고개를 끄덕였다.

"선생님, 저는요, 색깔 선택하는 게 힘들어요. 어울리는 색이 뭔지 모르겠어요. 그리고 이 색도, 저 색도 칠해 보고 싶은데 도화지는 한 번 칠하면 다시 칠하기 힘들잖아요. 그래서 아쉽고 어려워요."

"저도 예쁜 색을 만들고 싶은데 막상 물감을 섞으면 원하는 색이 잘 안 나와요."

"저는 색칠하는 시간이 오래 걸려서 하기 싫어요."

미술 시간에 그림을 그리는 일이 꽤나 힘들었는지 아이들은 마음에 둔 말들을 쏟아 냈다. 공쌤은 가슴이 먹먹했다.

"쌤도 어렸을 적에 그런 생각을 많이 했단다. '정말 열심히 그리는데 왜 내 그림은 못생겼지?' '내가 그리고 싶은 건 이게 아닌데 왜 자꾸 이렇게 그려지지?' 그럴 때마다 무척 속상했어."

"와, 진짜요? 쌤도 그런 생각을 했다고요?"

아이들이 신기하다는 듯 쳐다봤다.

"사실 너희들도 잘 알 거야. 잘 그리는 것보다 그림으로 내 생각을 표현하는 게 중요하다는 걸 말이야. 하지만 그런 사실을 알아도 잘 안 그려지면 속상하지. 어른들도 소질이 없다는 이유로 자기 생각을 그림으로 잘 표현하지 않거든."

 "어른들도 그렇다는 이야기는 처음 들어요."

 "유튜브 영상 같은 걸 보면 정말 잘 그리니까, 그걸 보면서 나는 왜 잘 안 되나 고민에 빠지게 돼요."

그림을 곧잘 그리는 시윤이도 비슷한 고민을 털어놓았다. 다양한 미디어를 접하는 아이들은 이미 그림을 보는 기준이 높아져 있는 상태였다.

 "내가 그린 그림을 친구들이 볼 때 무슨 생각을 하니?"

 "애들이 못 그렸다고 웃으면 속상해요. 그래서 저도 친구 그림을 보고 막 웃어요."

 "잘 그리는 친구의 작품을 보면 부러워요. 그리고 어떨 때는 선생님이 대신 그려 주면 좋겠다고 생각해요."

친구들의 평가를 중요하게 여기는 5학년 학생들은 다른 사람이 내 작품을 보는 기준까지 생각하며 미술 시간을 보내고 있었다.

 "이렇게 다양한 고민들이 있었구나. 그래서 이런 현실의 벽을 넘기 위해 인공지능한테 도움을 받아 볼까 해."

 "진짜요? 오늘도 재미있겠다!"

교실 분위기가 들썩이기 시작했다. 인공지능 활용 수업을 시작할 때면 아이들은 매번 기대감에 가득 찬 눈으로 공쌤을 쳐다봤다.

 "그러면 인공지능이 대신 다 그려 주는 건가요?"
 "에이, 그런 게 어딨어? 그러면 내 그림이 아니잖아~!"

좋아하는 친구들과 의심하는 친구들이 뒤섞여 얘기했다. 그리고 인공지능의 도움을 받는다는 말에 내심 안도하며 기대하는 친구들도 보였다.

"오늘의 그림 재료와 도구는 인공지능이야. 사실 그림도 인공지능이 그려 줄 거라서 너희들은 뭘 그릴지만 고민하면 돼."

"아하! 그래서 미술 시간인데 붓이랑 물감은 없고 노트북만 있는 거군요. 재밌겠어요."

아이들은 노트북을 앞에 둔 것만으로도 들떠 있었다.

02

오토드로우를 활용해 스케치하기

 "이제 인터넷 검색창에 '오토드로우'라고 적고 검색해 볼까?"

어떤 아이들은 곧바로 적었고, 어떤 아이들은 독수리 타법으로 적었으며, 몇몇은 자판을 더듬거리면서 '오토드로우'라고 쳤다.

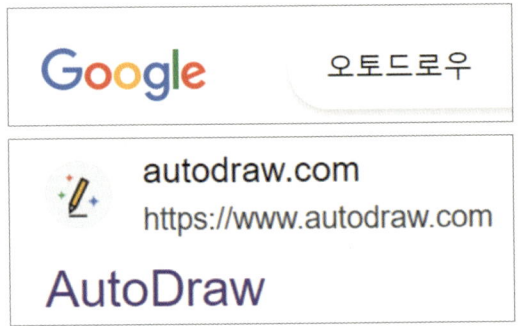

🧑 "영어로 'AutoDraw'라고 되어 있는데, 이게 무슨 뜻이에요?"

👧 "시윤아, 그건 내가 말해 줄게. 'auto'는 '자동'이라는 뜻이고 'draw'는 '그린다'라는 뜻이야. 두 단어를 합치면 '자동으로 그린다'는 의미가 되지."

👨 "민희가 잘 말했어. 이 사이트는 자동으로 그려 주는 기능을 가졌지."

🧒 "왠지 인공지능이 자동으로 그려 줄 것 같아요."

👨 "그럼 어떻게 자동으로 그려 주는지 같이 확인해 볼까?"

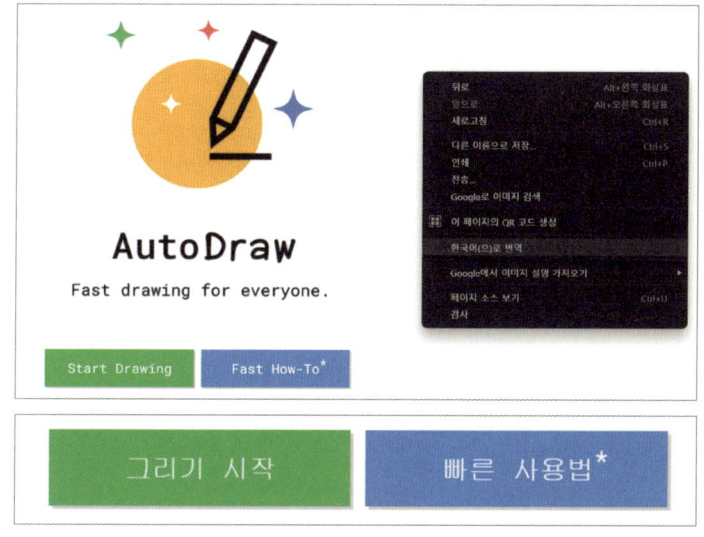

👨 "'오토드로우'를 누르니까 화면이 영어로 나와요. 한국어로 바꿀 수 있어요?"

🧑 "그건 마우스로 오른쪽 버튼 클릭해서 '한국어로 번역' 누르면 한국어로 바뀌어."

🧑 "오우, 감사~!"

🧑 "대신 '한국어로 번역'을 하면 다른 기능들이 실행 안 될 때가 있어. 그러면 다시 영어로 바꾼 뒤 누르면 잘 될 거야."

🧑 "사용법부터 눌러 봤는데, 간단하게 설명이 적혀 있어요."

민희가 호기심 가득한 표정을 지은 채 공쌤을 쳐다봤다.

🧑 "잘했어. 지금부터는 선생님과 같이 해 보자. 'Start Drawing'을 눌러 볼까?"

🧑 "선생님, 이 사이트는 가입 안 해요?"

🧑 "오토드로우는 가입 없이 바로 사용할 수 있단다."

🧑 "완전 편하다! 그런데 나중에 저장은 어떻게 하죠? 집에 가져갈 수 있어요?"

🧑 "그럼, 저장해서 집에 가져갈 수 있지. 그리고 전시회도 열 거야."

🧑 "와, 전시회라니 완전 기대되요. 뭐부터 그릴까요?"

아이들은 노트북으로 그림을 그린다니까 신나면서도 벌써부터 뭘 그려야 할지 고민하고 있었다. 도화지처럼 생긴 하얀 화면은 뭔가를 채워야 한다는 압박감을 안겨 줬다.

 "처음 그리는 거니까 간단한 과일부터 시작하자."
 "과일이요? 무슨 과일을 그리지?"
 "사과가 제일 쉬우려나?"
 "지금부터 선생님은 너희들이 시키는 대로 그림을 그리는 로봇이야. 그러니까 너희들이 그리고 싶은 과일의 특징을 자세하게 말해야 해. 그리고 미리 말해 두지만, 로봇은 그림을 잘 못 그려."

공쌤이 명령을 기다리는 로봇이 된 것처럼 두 눈을 깜빡거리며 아이들을 쳐다보았다. 그러면서 마우스로 그림 그릴 준비를 마쳤다.

 "선생님, 포도 그려 봐요."
 "네, 아람님. 포도는 어떻게 생겼나요?"

아이들이 재미있는지 키득거리며 웃었다. 본인들이 직접 손으로 그리지 않고 로봇에게 말로 명령한다고 하니 신이 났다.

 "일단 포도는 동그라미가 많아."
 "네, 지원님. 동그라미를 그리겠습니다. 몇 개나 그릴까요?"

"열 개 정도 그리면 되지 않을까?"

 "동그라미를 열 개 그리겠습니다."

 "아, 이게 아닌데……. 어떻게 설명하지?"

지원이는 자신이 생각한 대로 그림이 나오지 않자 곤란해했다. 그래서 옆에 앉은 아이들과 함께 고민하다가 로봇에게 명령할 때는 자세해야 한다는 설명을 떠올렸다.

"줄마다 동그라미 개수를 다르게 해서 달라고 하자. 포도는 아래로 내려갈수록 알이 적잖아."

"일단 동그라미를 첫 번째 줄에 세 개 그려 줘. 그리고 두 번째 줄에는 다섯 개 그려 주고."

"네, 명령을 수행하겠습니다."

공쌤이 로봇처럼 동그라미를 차례대로 그리기 시작했다.

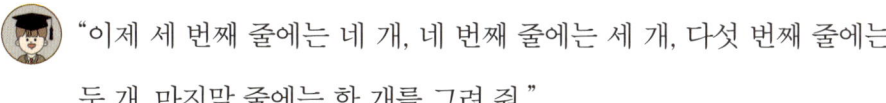 "이제 세 번째 줄에는 네 개, 네 번째 줄에는 세 개, 다섯 번째 줄에는 두 개, 마지막 줄에는 한 개를 그려 줘."

 "색깔도 바꿔야 할 것 같아. 보라색으로 바꾸라고 하자."

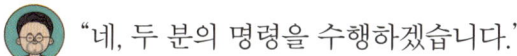 "네, 두 분의 명령을 수행하겠습니다."

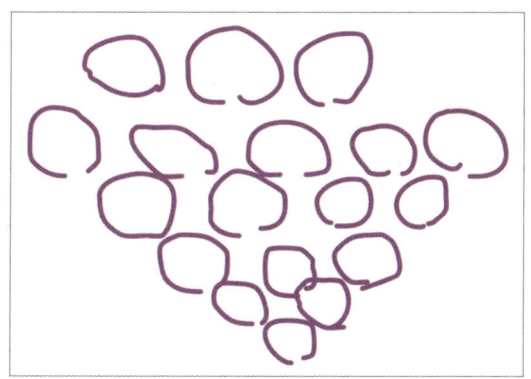

로봇이 포도알을 세 번째 줄까지 그렸을 때 몇몇 아이들은 화면에 나타난 변화를 알아채고 소곤거리기 시작했다. 공쌤은 모르는 척하며 가만히 있었다.

"어때, 얘들아? 포도 그림이 마음에 드니?"
 "와, 로봇이 진짜 못 그리네요. 그게 포도예요?"
 "저 정도면 나랑 실력이 비슷한데?"

로봇이 그린 그림을 보며 아이들은 자신과 실력이 비슷하다고 생각했는지 키득거리면 좋아했다. 그러다가 창훈이가 갑자기 손을 번쩍 들고 말했다.

 "선생님, 오토드로우 화면 위쪽에 무슨 그림들이 보여요.!"

 "맞아요. 저는 저 그림들이 계속 바뀌는 걸 봤어요."
 "창훈이랑 재혁이는 관찰력이 뛰어나구나. 잘 찾았어! 화면 위쪽에 'Do you mean'과 그림들이 보일 거야."
 "오, 진짜네! 그건 무슨 뜻이에요?"
 "'Do you mean'의 뜻을 몰라? 내가 알려 줄게. '너는 의미하니?' 라는 뜻이야. 여기서는 아마 '너의 낙서가 이 그림들을 의미하니?'라는 것 같아."
 "맞아. 민희가 잘 해석해 줬어."
 "그러면 인공지능이 아는 척하는 거네요?"

재혁이가 씩 미소 지으며 말했다.

- "그렇지, 재혁이가 좋은 말 했네. 아는 척! 지금 인공지능이 아는 척하는 거야. 선생님이 그린 그림이 '혹시 이 그림 중에 있나요?'라고 묻는 거지."
- "왜 물어요? 그냥 '이거 아니니?'라고 해도 될 텐데."
- "선생님이 그린 그림을 보고 아는 척했지만 확실하지 않잖아. 그래서 가장 가능성이 큰 그림들을 순서대로 왼쪽에서 오른쪽으로 나열하고 고르라는 거지."
- "그런데 인공지능은 선생님이 그린 낙서가 포도인 걸 어떻게 알았어요? 사실 선생님이 포도를 다 그린 것도 아니잖아요."

시윤이가 머리를 긁적거렸다.

- "맞아요. 게다가 포도도 못 그렸고요."
- "와, 둘 다 엄청 집중하는구나. 집중하는 친구들은 정말 좋은 질문들을 하지. 실제로 우리는 인공지능의 생각을 들을 수 없어. 하지만 들을 수 있다면 아마 이렇게 얘기했을 거야."

어? 이 사람이 지금 뭘 그리려는 거지?
내가 공부한 그림 데이터에 이런 특징을 가진 것들이 있나?
동그라미가 많고, 동그라미 여러 개가 여러 줄로 그려져 있네.
이런 특징을 가진 그림들이랑 가장 비슷한 그림 데이터가 뭐가 있지?
음, 포도, 찌그러진 배, 동그라미 패턴, 강낭콩 등이 있지.
그중에 가장 비슷한 순서대로 그림을 나열해 볼까?
포도를 제일 왼쪽에 놓고, 다음에 찌그러진 배, 동그라미 패턴, 강낭콩 순으로 추천해야겠다.

"선생님이 그린 포도를 보고 이런 식으로 고민하는 거지. 그리고 전문가들이 그린 그림들을 찾아서 차례대로 추천해 주는 거야. 왼쪽에 있는 그림이 가장 가능성이 큰 거라고 생각하면 돼."

"선생님이 처음에 저희들한테 '포도는 어떻게 생겼나요?'라고 물어보셨잖아요. 그때 저는 순간적으로 동그라미들이 여러 줄로 있는 거라고 생각했어요. 그 생각을 인공지능도 한다는 거예요?"

"그렇지. 조금 더 자세하게 들어가 볼까? 내가 너희들에게 '포도는 어떻게 생겼나요?'라고 물으면 어떤 특징들을 말할 수 있니?"

"동그란 포도알, 보라색이요."

"맛은 달콤해요. 아, 이건 모습이 아니구나. 줄기가 녹색이고 가늘어요."

"포도알들이 다이아몬드 모양으로 뭉쳐 있어요."

아이들은 포도의 모습을 표현하는 말들을 다양하게 쏟아 냈다.

🧑‍🦱 "다양한 특징들을 떠올릴 수 있을 거야. 하지만 포도의 가장 대표적인 특징을 하나만 얘기하라면 너희들은 뭐라고 할래?"

👦 "그야 동글동글한 포도알이 뭉쳐서 주렁주렁 달려 있는 모습이요."

🧑‍🦱 "포도에 붙어 있는 벌레, 나뭇잎, 줄기 같은 것들은 포도의 대표적인 특징이라고 할 수 있을까?"

👧 "아니요. 그런 것들은 다른 나무에도 많아요."

아람이가 똑 부러지는 말투로 대답했다.

🧑‍🦱 "포도알이 주렁주렁 달려 있다는 재혁이의 말을 들으면 포도가 딱 떠오를 거야. 이처럼 다양한 특징들을 다 제외하고 다른 것과는 구별되는 가장 대표적인 특징만 남기는 과정을 '추상화'라고 해."

👦 "인공지능은 추상화를 통해서 그림마다 대표적인 특징들을 아는 거네요."

👦 "그래서 우리가 그림을 그리면 대표적인 특징이랑 비교해서 제대로 된 그림을 추천해 주는 거군요."

🧑‍🦱 "자, 이제 인공지능이 추천해 준 그림을 눌러 볼게. 어떻게 되는지 관찰해 봐."

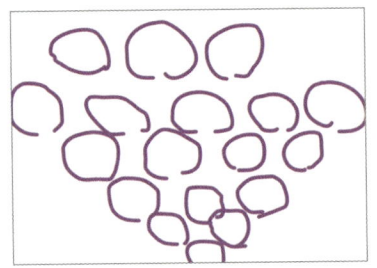	먼저 그림을 그린다.
	추천 그림을 골라 클릭한다.
	내가 그린 그림이 추천 그림으로 바뀐다.

 "와, 그림 그리기 쉽겠네."

 "저도 그려 볼래요."

 "우선 게임 시간을 가진 뒤에 실컷 그리는 걸로 하자!"

03

추상화 게임하기

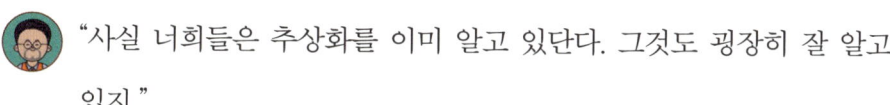 "사실 너희들은 추상화를 이미 알고 있단다. 그것도 굉장히 잘 알고 있지."

 "저희가요?"

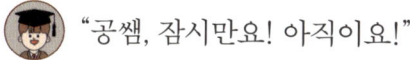 "그럼~! 제대로 이해하기 위해서 우리 같이 추상화 게임을 해 보자. 선생님이 퀴즈를 내면 그 답을 종이에 적으면 돼. 30초 안에 적어야 하고, 시간이 지나면 더 이상 못 적어. 준비 시간으로 1분 줄게."

"공쌤, 잠시만요! 아직이요!"

추상화를 잘 알지 못해도 게임을 한다니까 아이들은 무척이나 좋아했다.

"이제 시작한다."

"네~!"

아이들은 긴장한 듯 초롱초롱한 눈빛으로 종이에 쓸 준비를 했다. 그러고는 문제가 잘 안 들릴 수 있으니 조용히 하라면서 쉿 하는 손가락 모양을 주고받았다.

"지금부터 퀴즈 쇼를 진행하겠습니다. 여러분, 1번 문제입니다. 얼룩말의 가장 대표적인 특징을 단어로 30초 동안 적어 보세요."

공쌤이 퀴즈 쇼 진행자가 된 듯 명랑한 목소리로 문제를 냈다. 그리고 30초를 세면서 얼룩말의 특징을 쓰는 아이들을 기다렸다.

"이제 첫 번째 퀴즈 시간이 끝났어요. 자기가 적은 얼룩말의 대표적인 특징을 발표해 보자. 뭐라고 적었니?"
"저는 '말'이라고 적었어요."
"저는 '줄무늬'요."
"말에는 종류가 많아. 그래서 말이라고만 하면 얼룩말을 떠올리기 쉽지 않을 거야. 하지만 '줄무늬가 있는 말'이라고 하면 얼룩말을 바로 떠올릴 확률이 높지. 그러니까 얼룩말의 대표적인 특징은 '줄무늬가 있는 말'이라고 할 수 있을 거야. 이처럼 방금 너희들이 생각했던 과정을 추상화라고 한단다."

 "와, 뭐지? 추상화라는 말은 어려운데 왜 재밌지? 선생님, 또 해요."
 "오케이! 여러분, 이번에는 그림 그리기 대회입니다. 두 번째 문제는 사과를 그리는 겁니다."

공쌤이 30초를 세며 기다렸다. 아이들은 30초라는 말에 일단 동그라미부터 그렸다. 색을 칠하고 싶었지만 시간이 없어 빨간색이라고 적는 친구도 있었다.

 "자기 그림을 말로 설명할 사람?"
 "일단 동그랗게 생겼어요. 그리고 빨간색이에요."

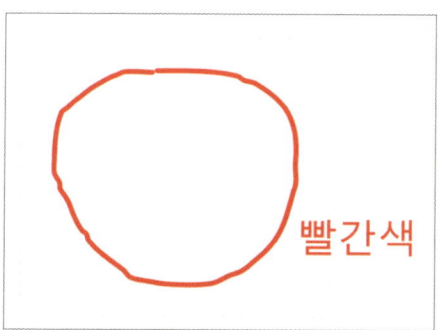

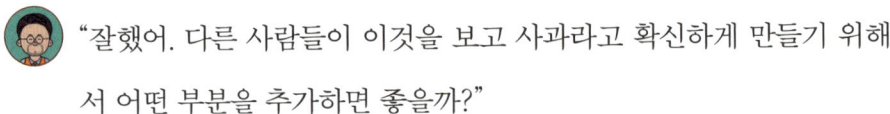
"잘했어. 다른 사람들이 이것을 보고 사과라고 확신하게 만들기 위해서 어떤 부분을 추가하면 좋을까?"

"사과의 꼭지를 추가하면 좋을 것 같아요."

"어때? 너희들이 이 그림을 보고 사과라고 생각한다면 사과 이미지에 대한 추상화가 잘 된 거라고 할 수 있지."

아이들은 퀴즈를 통해 추상화의 개념을 온전히 이해했다.

"마지막 문제는 색깔입니다. 잘 듣고 색깔을 정해 봅시다. 나무를 가까이에서 자세히 관찰해 본 경험이 있나요?"

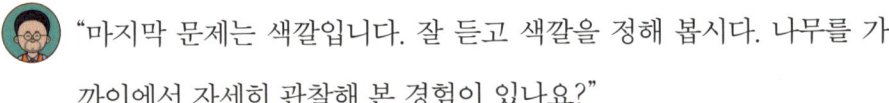
"네, 식물원에 견학 가서 자세히 봤어요. 다 같은 녹색인 줄 알았는데 자세히 보니까 색깔이 정말 많더라고요."

"화면에 나오는 그림처럼 나뭇잎의 색깔은 비슷하지만, 자세히 보면 다양한 색깔이 들어가 있지. 그렇다면 몇 개나 될까?"

"정말 다양한 색을 가지고 있어요. 햇빛에 비치면 밝은 녹색이 되고, 그늘에 있으면 짙은 녹색이 되기도 해요. 그리고 나뭇잎 하나만 관찰해도 여러 색이 섞여 있다는 걸 알 수 있어요."

"아람이가 정말 잘 관찰했구나. 자, 여기서 문제입니다. 아주 멀리에 있는 산을 그리고 색을 하나만 선택할 수 있다면 여러분은 어떤 색을 선택할 건가요?"

"그거야 쉽죠. 전 초록색을 선택할 거예요."

"지원이는 왜 초록색을 선택했어?"

"산을 대표하는 색이 초록색이잖아요."

지원이가 코를 찡긋거리며 대답했다.

"선생님, 방금 지원이가 한 생각의 과정이 추상화 같아요."
"이제 다들 잘 이해하는구나. 산에는 나무, 나뭇잎, 흙, 물이 있어서 다양한 색이 있는데도 불구하고 우리는 녹색이나 초록색으로 산을 표현하지. 왜 그럴까?"
"산을 대표하는 특징의 색이 녹색이기 때문이죠."
"왜 겨울 산은 흰색으로 칠하고, 가을 산은 갈색으로 칠하는지 알겠어요. 저희들 머릿속에 각 계절을 대표하는 색이 추상화되어 있기 때문이네요."
"선생님이 너희들은 이미 추상화를 잘한다고 말했는지 이제는 알겠지? 이제 너희들끼리 게임을 만들어서 해 보자."

아이들은 쉬는 시간에 화장실도 가지 않고 서로 퀴즈를 내며 게임을 계속했다.

04

오토드로우의 원리는 뭘까?

- 🧑 "선생님, 질문 있어요. 혹시 인공지능이 무작위로 추천해 주는 건 아닐까요?"
- 👨 "와, 정말 좋은 질문인데? 그 질문에 대한 답은 직접 한번 해 보면 알 수 있을 거야. 지난 시간에 사과 그린 거 기억나니? 사과를 단계별로 나눠서 그려 볼게."

공쌤이 오토드로우로 빨간색 동그라미를 하나 그렸다.

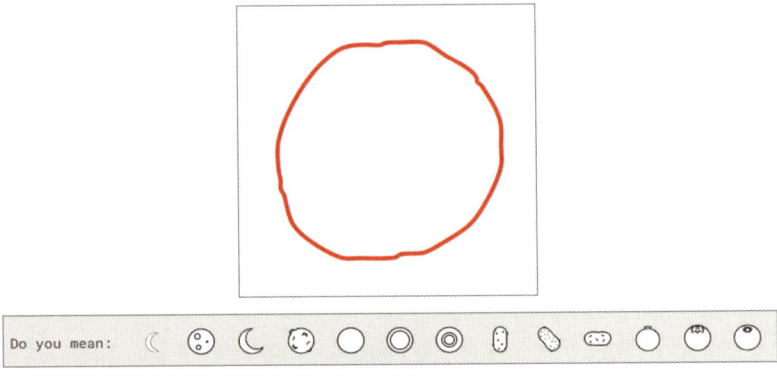

인공지능 추천 그림

- "선생님이 사과를 그린다고 안 했으면 사과인지 전혀 몰랐을 거예요."
- "인공지능도 추천 그림을 열세 개만 보여 줬어요. 다른 것들은 100개나 보여 줬는데."
- "뭐가 문제일까? 왜 인공지능이 선생님의 사과 그림을 이해 못 하는 걸까?"
- "사과의 대표적인 특징이 드러나려면 더 그려야 할 것 같아요. 창훈이 말처럼 저희들도 사과라는 말을 안 들었으면 전혀 몰랐을 거예요."

아람이가 작게 손사래를 쳤다.

"그럼 뭘 더 하면 될까?"

"퀴즈 쇼에서 얘기한 것처럼 인공지능한테 사과 꼭지를 그려서 알려 주세요."

공쌤이 사과의 꼭지 부분에 선을 하나 추가했다.

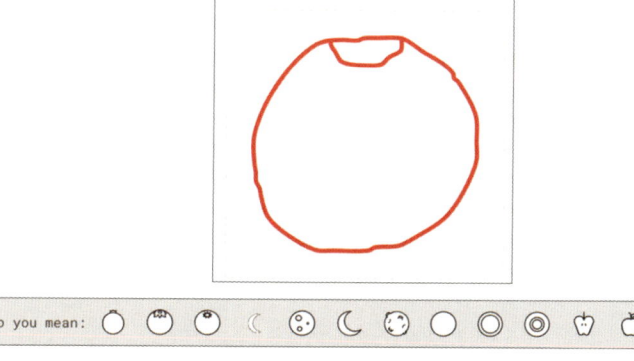

인공지능 추천 그림

"드디어 사과 그림이 열한 번째에 나타났어요."

"이제 인공지능이 알아본 모양이에요."

"선생님, 꼭지 부분을 더 그려 주세요. 사과 그림이 몇 번째로 오는지 궁금해요."

"그러면 조금만 더 그려 볼게."

공쌤이 사과의 꼭지 부분에 선 하나를 더 추가했다.

인공지능 추천 그림

"이제야 가장 왼쪽의 추천하는 그림이 사과가 되었어요."

"사과가 첫 번째 추천 그림이에요."

"와, 역시 공쌤반 아이들이야! 잘했어, 정말 잘했어! 우리가 그리려는 목표물, 즉 사과의 가장 대표적인 특징이 잘 드러날수록 인공지능이 판단하기 쉬워져. 이제 어떤 원리인지 충분히 이해했니?"

"네, 선생님, 진짜 이해가 잘 돼요. 포도랑 사과밖에 안 그렸지만 엄청 많이 알게 되었어요."

"이제부터 최대한 많은 과일들을 직접 그려 보자. 다른 기능들은 선생님이 화면에 보여 줄 테니까 필요할 때마다 찾아서 그리면 돼."

공쌤은 오토드로우의 다른 기능들을 일일이 설명하지 않았다. 대신 아이들이 그림을 그리다가 필요한 기능이 생기면 화면을 보고 스스로 터득하도록 안내했다.

	화면 내용
	그림 위치를 이동하거나 그림의 크기를 바꿀 수 있어.
	이 기능으로 그리면 인공지능이 추천해 주는 그림으로 바꿀 수 있어.
	그림판처럼 내가 원하는 대로 그릴 수 있어.
	글씨를 키보드로 입력할 수 있어.
	색을 한 번에 칠하는 기능이야.

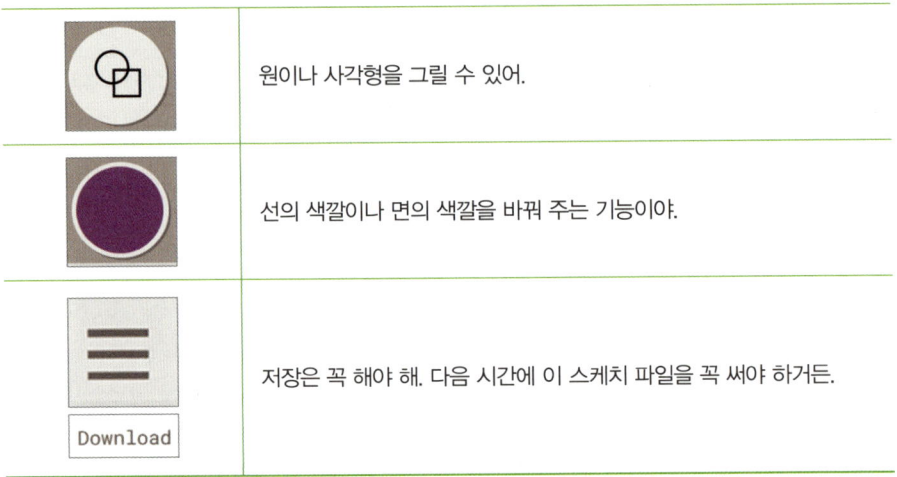

아이들은 저마다 대표적인 특징들을 떠올리며 다양한 과일들을 신나게 그렸다. 낙서처럼 그리더라도 대표적인 특징만 찾아서 그리면 인공지능이 좋은 그림들로 추천해 주고 바꿔 주었기 때문이다.

05

어떤 과일을 좋아해?

"너희들이 만든 과일 작품들을 패들렛에 전시해 보자."

"그러면 스마트폰으로도 볼 수 있겠네요!"

아람이의 눈이 초롱하게 빛났다.

"그럼~! 스마트폰, 태블릿 PC, 데스크톱 등 어떤 기기로든 인터넷만 연결되면 볼 수 있지. 집에서 가족들이랑 같이 감상하면 더 좋겠지?"

"전 아빠한테 자랑할래요."

"저는 다른 반 친구들한테 얘기할 거예요."

아이들은 벌써 자랑할 마음에 신났다. 오히려 공쌤에게 얼른 하자며 성화를 부렸다.

 "올리는 방법은 화면으로 하나씩 설명해 줄게."

공쌤이 화면을 가리키며 공유 게시판에 전시하는 방법을 알려 주었다. 그리고 과일 그림을 그리면서 어떤 생각을 했는지 작품 설명도 적도록 안내했다.

순서	화면	방법
1		선생님이 보내 준 링크를 따라서 들어가면 게시판 화면이 보인다. 밑에 있는 '+' 버튼을 누르자.
2		작은 창이 새로 보이면 그중에 첫 번째 아이콘을 누른다. 화살표가 위를 가리키는 모양이다.
3		'내 컴퓨터'의 '다운로드' 폴더를 누른다. 오토드로우 파일들은 다운로드 폴더에 자동 저장되어 있다.

4	과일1	자신의 작품 파일을 클릭한다.
5	열기(O)	화면 오른쪽 밑에 '열기'를 선택한다.
6		그림이 보이면 제목에 자신의 이름과 그림 제목을 입력하고, 내용에 그림에 대한 설명을 적는다.
7	발행	입력이 완료되면 '발행'을 클릭한다.
8	공쌤반 과일 파티	게시판에 자신의 작품이 업로드된 것을 확인한다.

아이들은 공쌤의 설명을 들으며 인터넷 게시판에 작품을 공유했다.

🧑 "공쌤은 맛있는 과일이 되려면 햇빛과 물이 충분해야 된다고 생각해서 이 작품을 만들었어. 너희들은 그림 속에 어떤 생각을 담았는지

최강의 AI 공쌤반 아이들

발표해 볼까?"

"과일마다 대표적인 색이 있잖아요. 딸기는 빨간색, 바나나는 노란색, 감은 주황색 같은 거요. 그래서 스케치할 때 선의 색을 과일마다 다르게 했어요."

"저는 여러 가지 맛이 나는 젤리처럼 과일을 생각했어요. 사과맛 나는 딸기, 바나나맛 나는 복숭아가 있으면 좋겠어요. 그래서 과일 하나만 먹어도 여러 맛을 느끼는 거죠."

재혁이의 말투에 신바람이 묻어났다.

"저는 제가 먹고 싶은 과일을 실컷 그렸어요."
"과일 나라 친구들이 모여 재미있는 이야기를 하고 있어요."
"가족들을 위해 과일을 사 오시는 엄마의 마음을 장바구니에 담았어요."
"과일의 맛이 다른 이유가 색깔이 달라서일 수도 있겠다는 생각을 했어요. 그래서 과일에 예쁜 색을 칠했어요."
"과일 상자를 만들어 보고 싶어서 과일들을 잘 모아 놨어요. 예쁘게 모아 놓으면 과일 상자가 잘 팔릴 것 같아서요."

아이들은 그림을 그리는 데 부담이 없어 보였다. 오히려 작게 흥얼거리며 그리기도 했다.

- "너희들, 평소와 다르게 정말 열심히 손을 드네. 왜 그런 거야?"
- "미술 시간에 그림 그리는 게 이렇게 재밌는 줄 몰랐어요."
- "그리는 게 쉬우니까 어떤 아이디어로 그림을 그릴지 고민하는 데 더 집중한 것 같아요."
- "저도 그림 실력이 중요한 게 아니라는 생각이 들었어요. 제 생각을 표현하는 데 도움이 돼서 할말이 더 많아졌어요."

아이들은 어느새 자신의 에너지를 그림 그리는 데 쓰기보다 생각을 담는 데 쓰고 있었다.

06

꿈을 담은 스케치 그리기

"얘들아, 우리는 꿈이 있잖아. 그 꿈을 이뤘을 때 가장 보람되거나 기억에 남을 만한 장면을 상상해서 스케치해 보자."

"이제 인공지능이 있으니까 그릴 수 있을 것 같아요. 저는 소방관이 꿈이거든요. 불이 나서 사람들이 위험해지면 제일 먼저 가서 불을 끄는 장면을 그리고 싶어요."

"그래, 재혁이처럼 그 장면을 그리게 된 이유를 생각하면서 그리면 더 좋겠어. 이제부터 다들 그리기 시작!"

아이들은 인공지능의 도움을 받으며 자신의 꿈을 그렸다. 그림을 다 그린 재혁이가 제일 먼저 발표했다.

🎓 "건물에 불이 나면 아무리 멀리 있어도 구급차랑 소방차가 출동합니다. 그리고 소방차에 호스를 연결해서 물을 뿌리는데, 그 호수가 엄청 무겁습니다. 훈련을 많이 받은 소방대원들만 호스로 물을 뿌릴 수 있습니다. 그래서 저는 소방관의 손을 호스 옆에 그렸습니다."

👦 "궁금한 게 있어요. 소방차 앞에 고깔콘처럼 생긴 빨간 물건은 뭔가요?"

🎓 "제가 검색해서 찾은 건데, 소방차에 물이 부족할 때 바로 연결해서 쓸 수 있도록 설치된 옥외 소화전입니다. 제가 조금 그렸는데 인공지능이 바로 찾아 줬어요. 그래서 거기에도 호스를 연결하고 손을 같이 그렸습니다."

👨 "정말 지금 당장이라도 불을 끄는 소방대원들의 모습을 떠올릴 수 있도록 잘 그렸네, 대단하다!"

👦 "선생님, 저도 발표할래요. 저는 이렇게 그렸어요."

- "음, 영어책인가? 민희는 어떤 장면을 그린 거니?"
- "저는 외교관이 꿈이에요. 그래서 다른 나라에서 열리는 국제 회의에 참석하기 위해 비행기를 타고 가는 중이에요. 그리고 회의에 가서 어떤 일을 할지 적었어요."
- "책에 왜 a, b, c가 적혀 있나요?"
- "외교관은 자기 나라에 유리하게 상황을 만들어 가야 하잖아. 그렇게 하기 위해서 다른 나라와 협상도 해야 해. 그런데 중요한 협상 내용은 자세히 적으면 안 되기 때문에 암호처럼 적어 놓았어."
- "준형이의 꿈도 한번 들어 보자."
- "선생님, 저는 컴퓨터 과학자가 꿈이에요. 그래서 컴퓨터를 이용해서 연구하고 있는 모습을 그렸어요."

"이제는 무엇을 표현해야 할지, 내 생각을 어떤 그림으로 드러낼지 고민하고 있구나. 정말 놀라운 변화야. 자신의 생각 에너지를 어디에 쓰면 될지 점점 더 잘 이해하는 것 같아."

"선생님, 처음에는 인공지능이 대신 그려 주니까 편하다고만 생각했거든요. 하지만 이제는 무엇을 그릴지, 어떻게 표현할지에 더 신경 쓰게 되었어요."

"저도 미술 시간에 스케치하는 게 이렇게 신나는 일인지 처음 알았어요. 매번 하기 싫어서 낙서만 했는데 이제는 낙서를 해도 인공지능이 좋은 그림으로 추천해 주니까 진짜 그리고 싶은 그림을 그리게 돼요."

아이들은 저마다 몸소 체험한 변화들을 즐기는 듯한 어조로 말했다.

07

보물을 찾으려면 지도를 잘 기억해야 해!

- "보물 이야기에 나오는 해적들은 왜 자신들이 묻어 놓은 보물을 못 찾을까?"
- "어디에 묻었는지 까먹어서 그래요!"
- "이제 오토드로우로 그린 그림 파일을 보물이라고 생각하자. 그리고 선생님이 파일을 저장하는 방법과 어디에 저장되는지 알려 줄게."
- "보물 지도를 만들어야겠네요."
- "그래, 머릿속에 보물 지도를 그려 보자. 우선 과일 스케치 파일이랑 나의 꿈 장면 스케치 파일을 꼭 저장해야 해. 오토드로우 화면 왼쪽 위를 보면 '세 개의 선'이 보일 거야. 그걸 누르면 두 번째 줄에 뭐가 뜨니?"

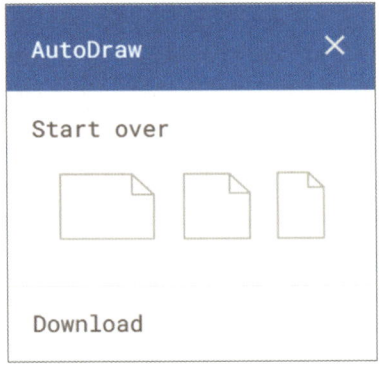

 "'Download'라고 적혀 있어요."

 "그걸 누르면 내 그림 파일이 저장돼. 그리고 파일 이름도 이 형식으로 만들어져."

autodraw	2023. 4. 9.	오후 12_04_03
오토드로우	만든 날짜	만든 시간

"'오토드로우 2023년 4월 9일 오후 12시 4분 3초'라고 적혀 있어요."

"제가 안 적었는데 자동으로 파일 이름이 적혀 있네요."

아이들은 컴퓨터 화면 왼쪽 아래에 적힌 자신의 파일 이름을 보았다.

"너희들이 만든 파일의 이름이 보이지? 날짜와 시간이 확인이 되면 잘 저장된 거야. 참고로 이 날짜와 시간은 여러분이 사용하는 컴퓨터에 저장된 날짜와 시간이야."

"네, 보물들은 잘 저장했어요. 그런데 다운을 받으면 컴퓨터 안에 저장된 거니까 끝 아닌가요?"

"그런데 컴퓨터 어디에 저장되었는지 모른다면 파일을 꺼내 쓸 때 불편할 거야."

"지금도 컴퓨터에 파일이 정말 많아서 뭐가 뭔지 모르겠어요."

재혁이가 고개를 세게 절레절레 흔들었다.

"예를 들어, 선생님이 우리 반 교실 뒤편 20번 사물함에 보물을 숨겨 두었어. 그리고 그 사실을 공쌤반 친구들에게만 알려 주었지. 그런데 아침에 등교하는데 학교 정문에 큰 현수막이 걸려 있는 거야. '학교에 숨겨진 보물을 찾아라!'라는 이벤트가 열린다면 누가 제일 먼저 보물을 찾을 수 있을까?"

"그거야 쉽죠! 공쌤반은 학교 건물 4층에 있으니까 교실에 와서 20번 사물함만 찾으면 되잖아요."

🧑‍🦳 "그렇다면 준형이가 다른 반 친구들보다 보물을 빨리 찾은 이유가 무엇일까?"

🧒 "보물이 어디에 있는지 위치를 미리 알고 있어서요."

🧑‍🦳 "맞아. 파일 저장도 똑같아. 우리가 파일을 저장할 때 어디에 저장되는지 알아야 해. 그래야 다음에 찾을 때 쉽지."

아이들은 "아하!"라고 말하며 고개를 끄덕였다.

🧑‍🦳 "우리가 그린 스케치 파일은 다음 시간에 색칠하는 데 쓸 거야."

👧 "선생님, 그러면 보물이 숨겨진 사물함은 어떻게 알아요? 파일을 저장하는 공간이 따로 있어요?"

🧑‍🦳 "그럼! 그게 바로 '폴더'라는 개념이야. 컴퓨터 속에 파일들을 찾기 쉽게 만들어 놓은 상자들이 있어. 그 상자들의 이름을 폴더라고 해."

👦 "오토드로우에서 저장 버튼을 누르면 자동으로 저장된다고 하셨는데, 어떤 폴더로 들어가는 거예요?"

🧑‍🦳 "민희가 질문을 잘하네. 선생님 화면을 다시 볼까? 오토드로우로 저장하고 나서 화면의 오른쪽 위를 보면 화살표가 아래로 되어 있는 그림이 보일 거야. 그걸 누르고, 마우스를 갖다 대면 뭐가 보이니?"

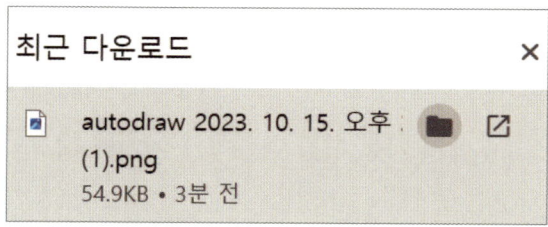

 "폴더 모양이 보여요."

 "이제 폴더 모양을 클릭하면 보물 지도를 볼 수 있을 거야."

"길게 적혀 있는데 마지막에 '다운로드'라는 이름이 있어요."

"그게 바로 파일이 저장된 위치야. '다운로드'라는 폴더에 저장된 거지. 오토드로우에서 자동 저장하면 바로 여기에 저장되는 거야."

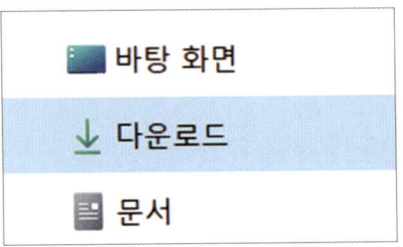

"다음에 파일 찾기를 하면 제가 제일 먼저 찾을 수 있을 것 같아요."

"마지막 프로젝트 수업에서는 메타버스 전시회를 열 거야. 그러니까 보물들을 어디에 저장했는지 잘 기억하고 있도록 해. 그럼 다음 시간에 만나자."

오토드로우로 할 수 있는 재밌는 활동 소개

- 자기 이름(공민수)을 그림 글자로 꾸민다.
- 자신을 소개한다.

  1) 새우와 도넛 먹는 것을 좋아하고, 모자 쓰는 것을 좋아한다.

  2) 예쁜 신발을 신고, 멋있는 넥타이를 매고, 컴퓨터를 잘한다.

  3) 야구할 때는 호루라기와 배트를 챙기고, 야구가 끝난 후에는 빵을 먹는다.

08

웹툰 AI 페인터
색칠을 도와주는 인공지능

🧑 "과일이랑 꿈 스케치하느라 고생 많았어. 힘들었니?"
🧒 "아니요! 이렇게 스케치가 재밌는 줄 처음 알았어요."

 아이들이 재잘거렸다. 어떤 아이는 집에서 좋아하는 자동차랑 배도 그렸다고 자랑했다.

🧑 "너희들이 미술 시간에 했던 고민들이 있는데, 스케치 다음에 두 번째 장애물이 뭐였는지 기억하니?"
🧒 "색칠이요. 저는 스케치를 아무리 잘해도 색칠하면 바로 망해요."
🧑 "맞아, 그랬어. 그래서 이번 시간에는 색칠을 도와주는 인공지능을 활

용해 볼 거야."

"와, 정말요? 색칠을 우리 대신 인공지능이 해 주는 거예요? 그럼 우린 뭘 해요?"

"너희는 어떤 색을 어디에 칠할지 정해 줘야지."

"그런데 문제가 있어요. 한 번 칠하면 끝이잖아요."

아이들은 새로운 인공지능을 활용한다는 사실이 기뻤다. 그러면서도 미술 시간에 색칠하면서 힘들었던 부분들 역시 정확히 기억하고 있었다.

"오, 좋은 지적이야. 이번에 사용할 인공지능은 너희가 칠한 순서를 그대로 기억하고 있어서 언제든지 칠하지 않았던 상태로 되돌아갈 수 있어. 어때, 한번 해 볼래?"

"정말요? 진짜 화가들처럼 색칠이 잘 되나요? 시윤이는 미술 학원 다녀서 색칠도 진짜 멋지게 잘하거든요. 음…… 색을 하나가 아니라 비슷한 계열로 여러 개 칠하면 정말 멋있어 보이더라고요."

"그림판이나 오토드로우로 색칠할 때는 색을 하나 선택하면 그 색으로 다 칠해졌어요."

"같은 색처럼 보여도 여러 가지 색이 칠해져야 그러데이션 효과가 나서 잘 칠한 것처럼 보이지. 그런 부분 때문에 이 인공지능을 알려 주는 거야."

"쌤, 얼른 해 봐요~!"

창훈이 책상을 가볍게 두드리며 공쌤을 재촉했다.

"먼저 '웹툰 AI 페인터'를 검색해서 사이트에 들어가자. 회원 가입은 필수이고, 이전 시간에 오토드로우로 만들었던 스케치 파일도 꼭 챙겨야 돼."

"저는 네이버 아이디로 가입했어요."

"저는 구글 아이디로 가입하고 로그인했어요."

"로그인까지 되었으면 '채색하기'를 눌러 보자. 화면 중간에 '내 파일 업로드하기'가 보일 거야. 그걸 눌러 봐."

"눌렀더니 새로운 창이 열렸어요. 제 파일은 어디에 있을까요?"

"이제 보물을 찾아볼까? 지난번에 저장한 오토드로우 파일은 어디에 자동 저장되었다고 했지?"

"다운로드 폴더에 저장되었다고 했어요."

"새로운 창에서 다운로드 폴더를 누르면 보물들이 있을 거야. 폴더가 뭐라고 했지?"

"제 파일들을 저장해 둔 상자요."

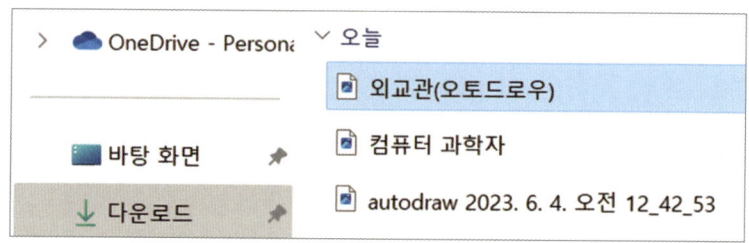

"새로운 창에서 '다운로드' 폴더를 누르고, 이전에 저장해 둔 스케치 파일을 선택한 후에 오른쪽 아래에 있는 '열기'를 눌러 보자. 어떻게 되니?"

"음. '채색 영역 선택'이라고 적혀 있고, 제가 그린 스케치 파일이 보여요. 초록색 모양의 '채색하기'를 눌러 볼까요?"

 "그래. 누르면 어떻게 되니?"

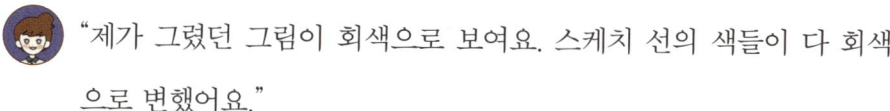"제가 그렸던 그림이 회색으로 보여요. 스케치 선의 색들이 다 회색으로 변했어요."

"잘했어. 이제 색칠할 준비가 된 것 같네."

"선생님, 색칠하려면 어떻게 해요?"

"웹툰 AI 페인터는 원하는 곳에 점을 찍기만 하면 색칠이 돼."

"점만 찍는다고요?"

아이들이 웅성거리기 시작했다. 그리고 색칠을 해야 하는데 점만 찍으면 된다는 말에 놀라 화면을 더 집중하며 응시했다.

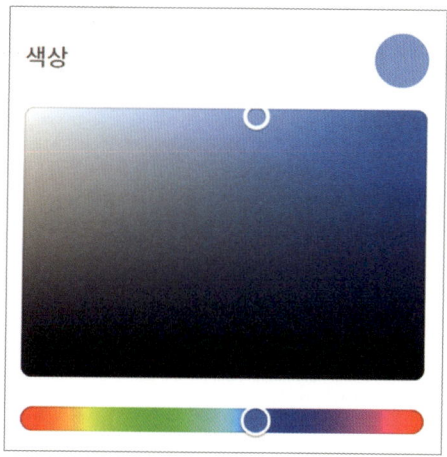

"화면 왼쪽 위에 '도구'라는 메뉴가 보일 거야. 먼저 첫 번째 붓을 선

택해 봐. 그리고 '색상' 메뉴에서 원하는 색을 골라 보자."

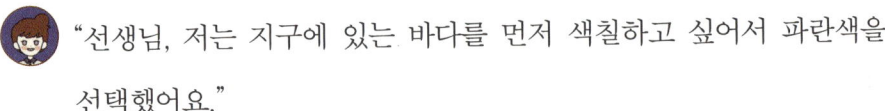 "선생님, 저는 지구에 있는 바다를 먼저 색칠하고 싶어서 파란색을 선택했어요."

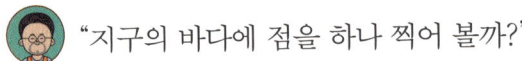 "지구의 바다에 점을 하나 찍어 볼까?"

 "지구가 다 파란색으로 변했어요."

 "와~!"

점 하나 찍었을 뿐인데 지구 전체가 파란색으로 변하자 아이들이 다 같이 탄성을 질렀다.

 "잘했어. 육지는 무슨 색으로 고를 거니?"

"저는 황토색이요."

"바다와 육지가 구분되도록 점을 여러 번 찍어 볼래?"

아이들은 점을 찍을 때마다 변하는 지구의 색을 보면서 감탄했다.

"점 찍은 곳에 어떤 변화가 보이지?"

"녹색 점이 보여요. 그런데 저 점들은 뭐예요?"

"녹색 점은 '채색 힌트'라는 건데, 어디를 중심으로 색칠할지 알려 주는 표시라고 생각하면 돼."

"선생님, 녹색 점을 안 보이게 할 수는 없나요?"

 "채색 힌트를 안 보이게 하려면 '힌트 보이기'의 단추를 클릭하면 돼. 그러면 녹색 점이 안 보이게 되지. 이제 자기 작품을 색칠하면서 궁금한 게 생기면 하나씩 물어보자."

"선생님, 이 인공지능을 이용하면 색칠하기가 정말 쉬워져요."

아이들이 너도나도 마우스로 클릭하며 신나게 색칠하기 시작했다.

"자세히 보면 색이 하나로 칠해지니? 아니면 여러 색이 자연스럽게 어우러지며 칠해지니?"

"일단 색이 하나는 아니네요. 비슷하긴 한데 여러 색이 한 번에 칠해져요. 정말 화가처럼 색칠을 잘하는 것 같아요."

"선생님, 색칠한 건 어떻게 지워요?"

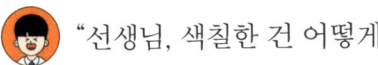

- "'도구'에서 '지우개'를 선택한 뒤 녹색 점 주위를 마우스로 드래그하면 색칠을 지울 수 있어."
- "저는 색칠하려고 점을 스무 개나 찍었는데, 열다섯 번째 칠한 단계로 되돌아가고 싶어요. 이런 것도 되나요?"
- "당연하지! 이전에 칠했던 단계로 되돌아가려면 화면 오른쪽에 '히스토리'라는 기능을 이용하면 돼."
- "아, '히스토리'는 제가 그동안 칠했던 기록을 모아 놓은 거네요."
- "그렇지, 잘 해석했어."

- "제가 칠했던 걸 다 기억하고 있는 건가요?"
- "전부는 아니고 스무 단계까지만 기억한단다."
- "그 정도만 해도 언제든지 다시 칠할 수 있어서 좋은 것 같아요."

지원이가 엄지손가락을 들어 보였다.

- "맞아요. 같은 부분을 파란색으로도, 빨간색으로도 칠해 보면서 서로 비교할 수 있어서 좋아요."
- "너희들이 직접 해 봐서 알겠지만 많은 실패가 더 좋은 색을 선택할

수 있는 성공의 열쇠가 된단다."

아이들은 지우개 기능과 히스토리 기능을 알게 되자 색칠을 실패할지도 모른다는 두려움에서 벗어났다. 심지어 어떤 색이 자신의 생각을 표현하는 데 더 잘 어울릴지 고민하는 데 에너지를 쏟았다.

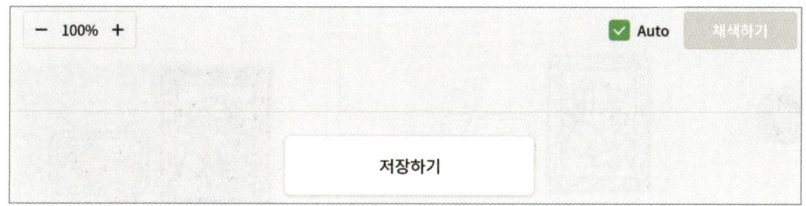

 "작품을 완성한 친구는 '저장하기'를 눌러서 자동 저장하자."
 "선생님, 웹툰 AI 페인터도 다운로드 폴더에 자동 저장되네요."

| 외교관_ | ai-painter |
| 파일의 본래 이름_ | 웹툰 AI 페인터 |

 "파일의 본래 이름 뒤에 '_ai-painter'가 자동으로 붙어 파일 이름이 만들어진단다."

5장. 화가가 되어 보자! ✦ 도슨트 AI 프로젝트

"선생님, 색칠한 작품으로도 전시회를 열면 좋겠어요. 얼른 자랑하고 싶어요."

 "색칠한 작품으로 전시회를 연다니, 좋은 생각이구나. 다음 시간에는 작품들을 패들렛에 올려서 전시회를 열도록 하자."

팁박스

웹툰 AI 페인터로 할 수 있는 재밌는 활동 소개

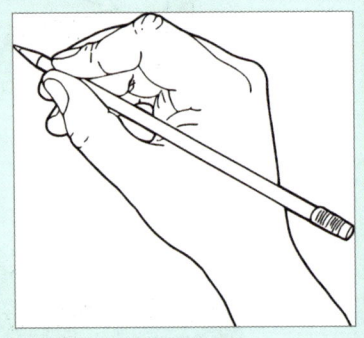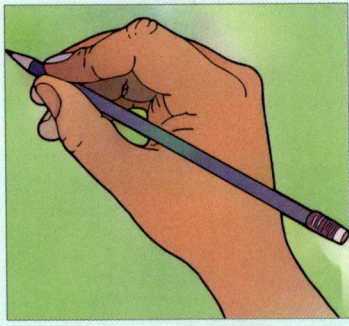

1. 구글이나 네이버에서 '스케치 그림'이라고 입력하여 이미지를 검색한다.
2. 마음에 드는 그림을 고르고, 마우스 오른쪽을 클릭하여 다른 이름으로 이미지를 다운받는다.
3. 웹툰 AI 페인터에 업로드한 뒤 색칠한다.
4. 색칠이 끝나면 다운받는다.

09

딥러닝
인공지능의 공부 방법

- "너희들, 인공지능으로 스케치도 해 보고 색칠도 해 보면서 궁금한 것 없었니?"
- "선생님, 진짜~ 궁금해요. 왜 인공지능이 이렇게 미술을 잘하는 거죠? 왜 똑똑한 거예요?"
- "오늘 정말 중요한 질문이 들어왔구나. 선생님이 인공지능은 누구의 지능을 따라 했다고 했지?"
- "사람의 지능이요."

재혁이가 재빨리 손을 들고 대답했다.

"그러니까 인공지능이 왜 똑똑해졌는지 알아보려면 어떻게 해야 할까?"

"사람이 왜 똑똑해졌는지 알아보면 될 것 같아요."

"자, 너희들이 수학을 잘하려면 어떻게 해야 하지?"

"일단 공부를 열심히 해야 하죠. 수학 문제집도 풀고, 수업도 열심히 들어야 해요."

"똑같아. 인공지능도 색칠을 잘하려면 색칠 공부를 많이 해야 해. 너희들이 문제집이나 수업으로 공부하는 것처럼 인공지능은 데이터로 공부하는 거야."

"이렇게 색칠을 잘하려면 도대체 얼마나 많은 데이터를 학습해야 할까요?"

아람이가 가볍게 한숨을 내쉬었다.

"웹툰 AI 페인터에 있는 인공지능은 30만 장의 이미지 데이터를 공부했대. 사람이 30만 장의 그림을 그리면서 공부하려면 얼마나 오래 걸릴지 생각해 봐."

"하루에 열 장씩 매일 그린다고 생각하면 대략 82년 걸려요."

"아람이는 계산 실력이 많이 늘었구나! 인공지능은 사람이 82년이나 노력해야 될 만큼의 양을 학습한 거야."

"와, 진짜 많아요."

창훈이가 손부채질을 하며 눈을 동그랗게 떴다.

"그러면 인공지능은 초등학생들의 그림을 공부할까? 아니면 웹툰 작가들의 그림을 공부할까?"

"당연히 그림을 잘 그리는 웹툰 작가들의 그림을 공부해야죠."

"그렇지. 그래서 인공지능이 학습하는 자료를 양질의 데이터라고 해. 인공지능은 색칠을 잘하고 싶은 사람들을 위해 만들어졌으니까 실력 있는 웹툰 작가들의 그림을 공부해야지."

"자기에게 맞는 문제집을 골라서 공부하는 것처럼 말이죠?"

"못 그린 이미지 데이터를 학습한 인공지능은 데이터의 질이 안 좋기 때문에 아무리 많이 학습하더라도 색칠 실력이 나쁠 수밖에 없어."

"선생님, 단순히 계산을 잘하는 것보다 이미지를 학습하는 게 더 어려울 것 같아요."

준형이가 천천히 고개를 주억거렸다.

"맞아. 그래서 인공지능은 **딥러닝**이라는 방법을 통해서 이미지를 학습하지."

"딥러닝이 뭐예요?"

"선생님이 예시를 들어 볼게. 여러분이 아기였을 때를 떠올려 볼까? 옹알이하는 아기는 과연 강아지와 고양이를 구분할 수 있을까?"

"아니요, 구분은커녕 배고프다고 울기만 할 것 같아요."

"하지만 지금 창훈이는 구별할 수 있게 되었지. 어떻게 구별하게 되었을까?"

"엄마가 강아지는 '멍멍', 고양이는 '야옹'이라고 알려 줘서요."

"강아지랑 고양이를 많이 봐서요."

시윤이가 말간 미소를 지으며 말했다.

"사진으로 많이 보고 배워서 구분하게 되었어요."

"너희들 말이 다 맞아. 우리는 다양한 경험을 통해 강아지와 고양이에 대한 정보를 알게 되었지."

"사람은 지능이 있어서 그런 정보를 잘 합쳐서 강아지의 대표적인 특징을 정해 두는 것 같아요. 고양이도 마찬가지고요."

"사람의 뇌에는 밤하늘의 별처럼 수없이 많은 신경 세포들이 들어 있어. 그 세포들은 계속해서 서로 신호를 주고받지."

"무슨 신호를 주고받아요?"

지원이가 재빨리 손을 들었다.

- "우리 몸에 다섯 가지 감각을 받아들이는 기관에는 뭐가 있지?"
- "눈으로 보고, 귀로 듣고, 코로 냄새 맡고, 혀로 맛보고, 피부로 느껴요."
- "그 다섯 개의 기관을 통해 들어오는 엄청난 양의 데이터들은 뇌에 있는 신경 세포들이 신호를 주고받는 과정을 통해 정리된단다."
- "그러면 인공지능도 사람처럼 뇌가 있는 건가요?"
- "사람의 신경 세포를 흉내 내서 만든 인공신경망이 인공지능의 두뇌 역할을 해. 이 덕분에 인공지능은 수없이 많은 데이터들 속에서 복잡한 패턴을 찾아낼 수 있어."

공쌤은 귀기울여 설명을 듣고 있는 아이들을 바라보았다.

- "웹툰 AI 페인터가 많은 이미지 데이터를 학습해서 색칠을 잘하게 된 것처럼요?"
- "그렇지! 인공신경망이라는 두뇌를 가진 인공지능이 딥러닝이라는 학습 방법으로 공부했기 때문에 가능해진 거란다."
- "뭔가 복잡해 보여요. 그런데 정말 사람의 뇌랑 똑같아요?"

준형이의 미간에 주름이 잡혔다.

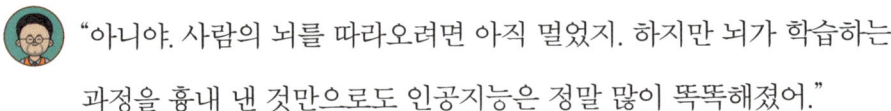
"아니야. 사람의 뇌를 따라오려면 아직 멀었지. 하지만 뇌가 학습하는 과정을 흉내 낸 것만으로도 인공지능은 정말 많이 똑똑해졌어."

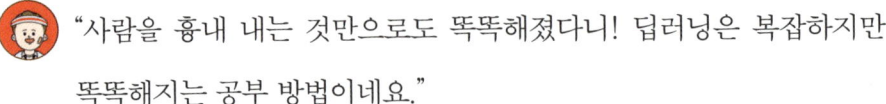
"사람을 흉내 내는 것만으로도 똑똑해졌다니! 딥러닝은 복잡하지만 똑똑해지는 공부 방법이네요."

"다음에 시간이 되면 딥러닝의 다양한 방법 중에 CNN이라는 합성곱 신경망의 원리에 대해서도 알려 줄게. 이걸 알게 되면 인공지능을 이해하는 데 도움이 될 거야."

"저희는 초등학생인데 인공지능을 이해할 수 있을까요?"

"쌤이 누구야? 공쌤이잖아~! 아주 쉽게 설명해 줄게."

10

이 작품은 내 작품인가, 인공지능 작품인가?

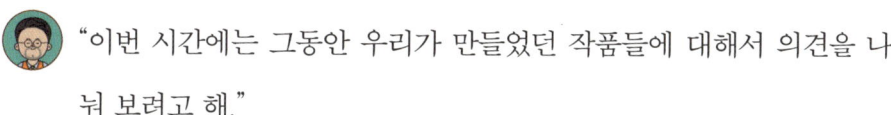

"이번 시간에는 그동안 우리가 만들었던 작품들에 대해서 의견을 나눠 보려고 해."

"토론 수업인가요?"

"오늘은 특별히 각자의 의견을 편하게 얘기할 수 있도록 퀴즈 형식으로 진행할 거야."

"퀴즈 쇼는 재밌어요!"

공쌤이 준비한 '띵커벨 토의 토론'은 화면에 보이는 문제에 대해 실시간으로 대답할 수 있는 퀴즈이다.

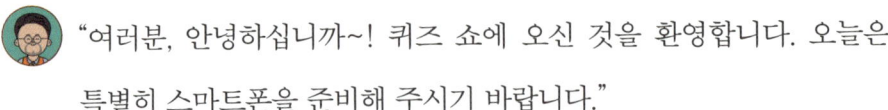"여러분, 안녕하십니까~! 퀴즈 쇼에 오신 것을 환영합니다. 오늘은 특별히 스마트폰을 준비해 주시기 바랍니다."

"사회자님, 스마트폰으로 무엇을 하면 되나요?"

"준형님, 스마트폰으로 자신의 의견과 맞는 곳에 투표하시면 됩니다. 그리고 이유도 꼭 입력해 주시기 바랍니다."

명랑한 목소리의 공쌤은 퀴즈 쇼 사회자가 되어 스마트폰으로 학생들의 찬반 입력을 받을 수 있는 토의 토론장을 준비했다.

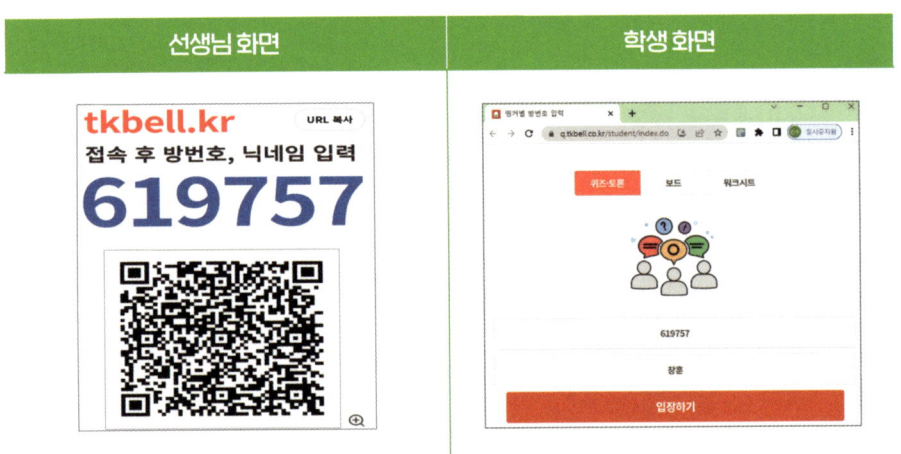

선생님 화면

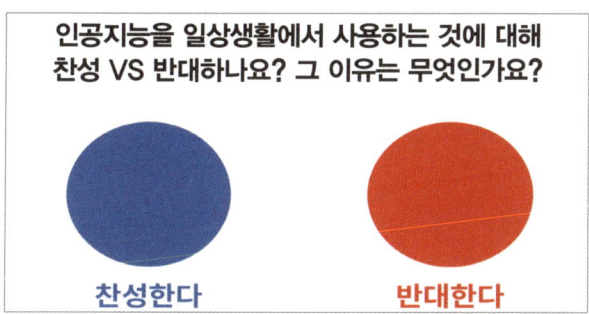

 "여러분, 첫 번째 질문입니다. 인공지능을 일상생활에서 사용하는 것에 대해 찬성 vs 반대하나요? 그 이유는 무엇인가요?"

학생 화면

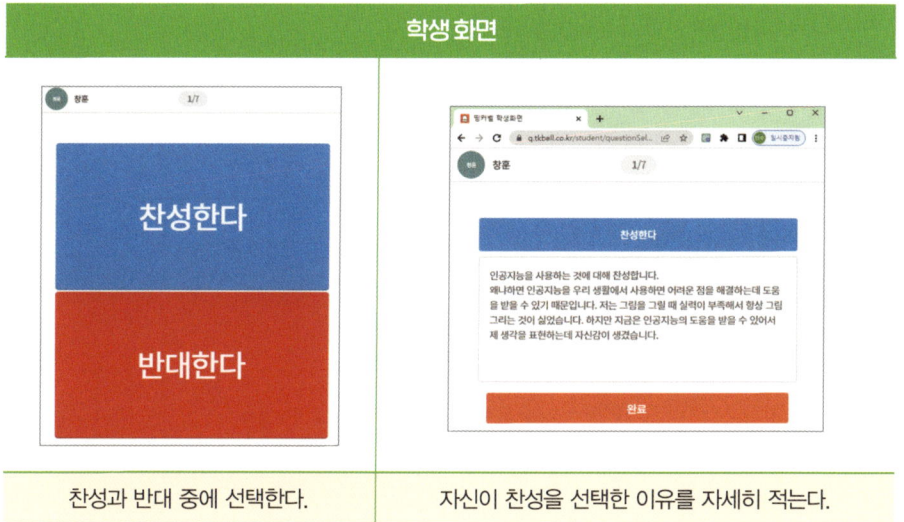

| 찬성과 반대 중에 선택한다. | 자신이 찬성을 선택한 이유를 자세히 적는다. |

"스마트폰으로 투표하고, 이유를 적으니까 재미있어요."

아이들에게는 스마트폰이 익숙한 기기 중 하나였다. 그래서 자칫 지루할 수 있는 토의 토론 수업에 스마트폰을 이용하면 평소보다 편하게 자신의 의견을 밝혔다.

"게스트 여러분들, 열심히 적고 계시네요. 각자 찬성과 반대의 입장을 밝히시고, 그 이유에 대해서도 자세히 적어 주세요."

학생들 의견	
찬성측	반대측
인공지능이 가끔 오류가 있을 수 있지만, 사람이 못 하는 걸 잘할 수 있다. 그리고 인공지능이 못 하는 걸 사람이 잘할 수도 있다. 서로 도우면 우리나라는 더욱 발전할 것이기 때문에 찬성한다.	인공지능 로봇이 사람들의 일자리를 빼앗아 가면 사람이 일할 수 없어서 반대한다. 그리고 인공지능이 인간을 지배할 수도 있다.
인공지능은 우리의 생활을 편하게 만들어 준다. 그리고 환경 문제나 멸종 위기 동물 문제를 해결할 방법도 찾아 줄 수 있을 것 같아서 찬성한다.	인공지능 로봇이 감정을 가지게 된다면, 오류가 났을 때 사람을 위험하게 할 수 있을 것 같아서 반대한다.

학생들은 자신의 입장과 그 이유를 밝히면서 토론에 참석했다.

"다 작성했어요, 사회자님."

"찬성과 반대의 의견이 서로 팽팽하군요! 많은 분들이 찬성 쪽에 표를 주셨습니다. 하지만 두 입장의 이유를 보니 물러설 수 없을 것 같네요."

"이렇게 하니까 부담이 덜 하고 의견을 말하기도 편해요."

"흠흠, 잠시 사회자님이 나가셨다! 선생님이 인공지능과 협업해서 만든 자료를 보여 줄게."

인공지능을 일상생활에 사용했을 때 장단점 비교	
장점	단점
AI는 우리 일상을 도와줄 수 있어요. **도움**	AI는 가끔 실수할 수 있어요. **실수**
AI는 작업을 빠르게 처리해 줘서 시간을 절약할 수 있어요. **속도**	AI에 너무 의존하면 우리의 능력이 떨어질 수 있어요. **능력 저하**
AI는 작업을 정확하게 수행할 수 있어요. **정확성**	AI가 어떻게 결정을 내리는지 과정이나 기준이 명확하지 않을 수 있어요. **명확성**
인공지능은 계속해서 학습하고 발전할 수 있어요. **학습**	AI가 우리의 개인 정보를 수집하고 사용할 수 있어요. **개인 정보**
인공지능은 예술 작품을 만들 수 있어요. **예술**	일부 작업은 AI로 대체되어 일자리가 줄어들 수도 있어요. **일자리**

AI는 질병을 조기에 발견하고 치료에 도움을 줄 수 있어요. **의료**	AI는 감정이 없어서 사람과의 상호 작용이 어려울 수 있어요. **상호 작용**
AI는 반복적이고 지루한 작업을 대신할 수 있어요. **자동화**	AI의 결정 과정이 투명하지 않아서 신뢰하기 어려울 수 있어요. **신뢰**
AI는 우리의 관심과 취향에 맞는 서비스를 제공할 수 있어요. **개인화**	인공지능의 사용은 윤리적인 문제를 야기할 수 있어요. **윤리 문제**
인공지능은 새로운 기술과 혁신을 이끌어 낼 수 있어요. **혁신**	AI 시스템은 해커에 의해 피해를 입을 수 있어요. **해커**

(가운데: **VS**)

🧒 "인공지능을 사용했을 때의 장점과 단점을 잘 구분해야 할 것 같아요."

🧑 "장점은 살리고 단점은 보완해야 하지 않을까?"

👦 "우리는 생활 속에서 인공지능을 잘 사용하면 어떤 점이 좋은지 이미 알고 있잖아."

👨 "표 내용을 다 이해하지 않아도 되지만, 선생님도 이 수업을 준비할 때 인공지능과 협업하면서 도움을 많이 받았어."

👧 "인공지능은 발전하면 할수록 어떻게 쓰는지가 더 중요한 것 같아요."

👨 "다들 의견들을 잘 말해 줘서 고마워. 이제 퀴즈 쇼 사회자님을 다시 모시고 올게~!"

공쌤은 자신이 아닌 척 연기하며 능청스럽게 사회자처럼 이야기했다.

"제가 잠시 화장실을 다녀오는 동안 게스트들끼리 열띤 토론을 하셨군요. 열기가 뜨겁습니다. 이제 두 번째 문제를 드리겠습니다."

"네, 사회자님, 얼른 다음 문제를 내 주세요."

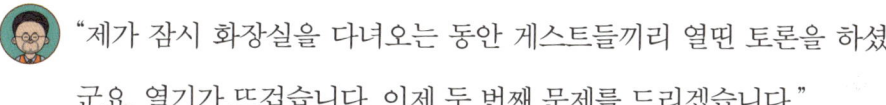

"여러분은 '화가 되기 AI 프로젝트 수업'을 하면서 미술 작품을 완성했습니다. 이제 그림을 그린 화가는 작품에 사인을 해야 합니다. 그렇다면 여러분들은 누구의 사인을 넣을 건가요?"

"그거야 당연히 제가 했으니까 제 작품 아닌가요?"

"그러면 물어보겠습니다. 스케치는 누가 했나요? 정말 혼자서 했나요? 또 색칠은 누가 했나요? 혼자서 완성한 작품이 맞나요?"

공쌤이 아이들 머릿속에 혼란을 주기 위해 질문들을 쏟아 냈다.

- "제가 한 거죠. 음…… 아닌가? 오토드로우 인공지능이 한 건가?"
- "색칠은 웹툰 AI 페인터가 하고 우리는 색깔만 골랐잖아"
- "아, 갑자기 헷갈리네."
- "지금부터 고민해 주시기 바랍니다. 여러분이 만들었다고 생각한 그 작품은 과연 주인이 누구일까요?"

공쌤은 질문을 이어갔다. 그리고 객관식으로 문항들을 읽었다.

- "다음 중에서 골라 주세요. 그리고 이유도 꼭 적기 바랍니다.
  1번. 인공지능이 주인이다.
  2번. 인공지능을 개발한 사람 즉 프로그래머다.
  3번. 고객들에게 인공지능 서비스를 제공한 회사이다.
  4번. 인공지능 서비스를 이용한 나, 본인이다."
- "사회자님, 저는 고민이 끝났어요. 이제 투표할래요."

아이들은 고민하는 데 시간을 많이 들였지만, 각자 입장을 정리한 뒤 투표를 시작했다.

학생들 의견

- 🔴 인공지능이 주인이다. — 2명 6.5%
- 🟠 인공지능을 개발한 사람이다. — 4명 12.9%
- 🟢 인공지능 서비스를 제공한 회사이다. — 3명 9.7%
- 🔵 작품의 아이디어를 생각해 내고 인공지능을 활용한 나(본인)다. — 10명 32.3%

주인은?	이유
인공지능	인공지능이 스케치도, 색칠도 해 줬기 때문이다. 인공지능이 없었으면 나는 이 작품을 완성하지 못했기 때문에 인공지능이 이 작품의 주인이라고 생각한다.
인공지능 개발자	이런 인공지능을 개발한 사람이 없었으면 이런 서비스가 있는 줄도 몰랐을 거고, 이런 작품을 만들 수도 없었다.
	왜냐하면 인공지능을 만든 사람이 없었으면 이 모든 게 이루어질 수 없기 때문이다.
인공지능 서비스 회사	인공지능을 열심히 개발해도 서비스를 제공하는 회사가 없으면 알려지는 게 어렵기 때문이다.
나(본인)	그림을 그리는 데 친구의 도움을 받았다고 해서 그 친구의 작품이 되는 것은 아니다. 내가 그림을 상상하지 않았다면 인공지능도 제 역할을 할 수 없었을 것이다.
	내가 아이디어를 냈고, 칠하고 싶은 색을 선택했기 때문에 내 작품이다. 마우스를 움직이면서 그린 것도, 이런 그림을 생각하고 기획한 것도 나 자신이기 때문에 내 사인을 넣어야 한다고 생각한다.
	내가 아이디어를 냈고, 내가 인공지능에게 스케치하고 색칠하게 시켰기 때문에 내 그림이다.

아이들은 자신의 의견에 저마다의 근거를 대며 퀴즈를 풀었다. 이후 공쌤은 아이들의 의견과 인공지능의 의견을 비교하며 보여 주었다.

"투표하면서 이유를 정말 열심히 적었네. 투표 결과를 보니까 작품의 주인이 '나(본인)'라고 생각하는 친구들이 많구나. 사실 이 질문에는 정답이 없어. 자신의 의견에 대해 타당한 이유를 말할 수 있다면 어떤 선택지를 골랐든 모두 정답이 될 수 있지."

"선생님, 저희가 직접 해 본 활동으로 토의하니까 재미있어요."

"맞아요. 토의가 이렇게 재밌다는 걸 처음 알았어요."

아이들은 간단하면서도 자신의 의견을 자세히 얘기할 수 있는 퀴즈 형식의 토론 방식을 무척이나 마음에 들어 했다.

"어이쿠, 사회자님이 또 나가셨네! 그러면 이번에도 선생님이 인공지능이 제시한 의견을 보여 줄게."

주인	이유	핵심 단어
인공지능	인공지능은 최종 그림을 만드는 데 큰 역할을 했기 때문에 주인이라고 생각한다. 스케치와 색칠을 하느라 특별한 프로그램을 이용했고, 거기에 자신만의 독창적인 예술 창작 방식을 가지고 있기 때문이다.	• 공헌과 영향력 • 독창적인 결과물 • 자율성

인공지능 개발자	인공지능 개발자는 미술 수업에 사용된 인공지능 기술을 직접 만들었기 때문에 자신이 주인이라고 생각한다. 그들은 자신의 아이디어를 바탕으로 만든 프로그램을 활용하여 학생들이 작품을 만들었고, 그 프로그램에 들어간 도구들은 자신들의 기술로 구현됐기 때문에 결국 자신들에게 소유권이 있다고 생각한다.	• 혁신과 창조 • 지적 재산권 • 창의적인 표현 촉진
인공지능 서비스 회사	인공지능 서비스 회사는 미술 수업에 사용되는 인공지능 기술을 제공했기 때문에 소유권이 있다고 생각한다. 그들은 학교와 함께 일하기 위해 도구와 자원을 사용했기 때문에 최종 그림을 소유하고 싶어한다.	• 도구 및 자원 제공 • 협업 및 지원 • 상업적 고려 사항
학생	학생은 자신의 아이디어와 꿈을 바탕으로 첫 번째 그림을 만들기 때문에 작품의 주인이라고 생각한다. 그들은 그림의 전체적인 방향성 및 아이디어를 선택했고, 자신만의 느낌과 감상을 담았다.	• 창의성과 독창성 • 의사 결정 및 의도 • 정서적 연결
교사	교사는 미술 수업 중에 학생들을 지도하고 교육했을 뿐 아니라 인공지능 도구 사용을 촉진했다. 그들은 수업에 인공지능 기술을 도입하고 학생들이 제대로 구현할 수 있도록 감독함으로써 창작 과정에서 중요한 역할을 담당했다.	• 촉진 • 안내 • 구현
학교	학생과 교사의 공동 노력, 교육 도구로서의 인공 지능 사용을 감안하면 집단의 창작물이라고 생각한다. 더 넓은 맥락에서 볼 때, 미술 수업을 하면서 학생과 교사가 공유한 경험 등을 고려하면 커뮤니티나 학교는 그림의 소유권을 주장할 수 있다.	• 집단 창작 • 공유 경험
대중	최종 그림은 대중에게 속할 수 있다. 작품이 공개적으로 공유되고 전시되면, 직접적인 참가자를 넘어 더 많은 관객이 접근할 수 있게 된다. 작품에 대한 대중의 감상, 해석 및 참여는 그들을 사실상의 소유자로 만들 수 있다. 이러한 관점은 예술이란 모든 사람이 경험하고 향유하기 위한 것이며 소유권은 개인이나 제도적 개념이 아닌 집단적 개념이 된다는 생각과 일치한다.	• 공유 및 표시 • 광범위한 청중 • 감상, 해석, 참여

"이제 세 번째 질문입니다. 작품의 주인을 한 명이 아닌 세 명으로 해야 한다면 누구를 추가로 넣을 건가요?"

> **작품의 주인을 한 명이 아닌 세 명으로 해야 한다면
> 누구를 추가로 넣을 건가요?**
>
> 의견을 입력하세요.

추가된 질문에 작품의 주인이 누구인지 확신을 가지려던 아이들이 혼란스러워했다.

 "세 명이 공동 주인이면 누구를 더 넣어야 하지? 아~, 고민되네요."
 "사회자님, 네 명으로 하면 안 되나요?"
 "세 명으로 정해 주세요. 그리고 이번에도 이유를 적어 주시기 바랍니다."
 "정답이 없다고 하셨으니까 이유를 잘 적어야겠네요."

아이들은 신중하게 자신의 생각을 정리한 뒤 투표했다.

"이번에는 자신이 적은 것을 보면서 발표해 봅시다."

"작품의 주인이 세 명이라면 저, 인공지능, 인공지능을 만든 사람을 주인으로 할 것입니다. 왜냐하면 일단 저는 기초가 되는 낙서를 그렸습니다. 그리고 인공지능은 그 낙서를 분석해서 잘 그린 그림으로 추천해 주었습니다. 마지막으로 인공지능이 잘 작동할 수 있게 만들어 준 사람이 있었기 때문에 작품을 완성할 수 있었습니다."

"작품을 만든 나, 밑그림과 색칠을 해 준 인공지능 그리고 나에게 아이디어를 준 내 친구로 할 것입니다. 일단 제가 없었으면 아무것도 못 했을 것입니다. 그리고 인공지능이 없었다면 아주 힘들게 그림을 그렸을 것입니다. 또 친구가 없었다면 그림의 아이디어를 생각하기 쉽지 않았을 것입니다."

"인공지능 개발자, 인공지능 서비스 회사, 나라고 생각합니다. 개발자가 인공지능을 만들었고. 서비스 회사가 인공지능을 공개했습니다. 그리고 내가 그 인공지능을 사용하지 않으면 만든 사람들에게 수익이 돌아가지 않아서 더 이상 새로운 기술을 개발하지 못합니다."

아이들은 순서대로 자신의 의견을 또박또박 발표했다.

"이번 질문에도 다들 합당한 이유를 들어서 자신의 의견을 잘 말해 줬어. 선생님이 다 뿌듯하구나. 이제 마지막 퀴즈를 풀어 볼까? 다 같이 퀴즈 쇼 사회자님을 불러 보자."

"사회자님, 나오세요~!"

"저를 불러 주셔서 감사합니다. 이렇게 똘똘한 친구들을 볼 좋은 기회를 공쌤이 주셨네요. 하하하."

아이들이 공쌤을 따라 같이 웃었다. 그러고는 얼른 다음 퀴즈를 내라며 성화를 부렸다.

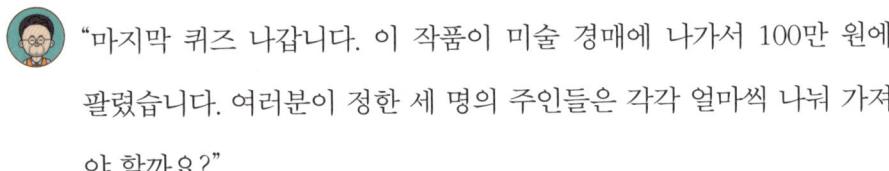
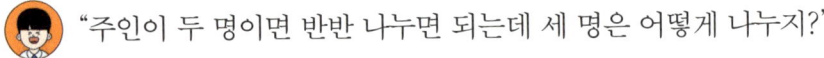
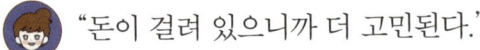

"마지막 퀴즈 나갑니다. 이 작품이 미술 경매에 나가서 100만 원에 팔렸습니다. 여러분이 정한 세 명의 주인들은 각각 얼마씩 나눠 가져야 할까요?"

"주인이 두 명이면 반반 나누면 되는데 세 명은 어떻게 나누지?"

"돈이 걸려 있으니까 더 고민된다."

귀를 쫑긋하고 듣던 아이들이 다시 한번 생각에 빠졌다.

- "자, 이번에도 손을 들고 자신의 의견을 근거와 함께 발표해 보자. 생각하면서 천천히 말해도 괜찮으니까 직접해 보자."
- "저 혼자 100만 원을 다 가져야 한다고 생각합니다. 내 아이디어를 가지고 구상하고 기획해서 만든 내 작품이 100만 원에 팔렸으니까요."
- "그렇게 생각할 수도 있겠구나. 잘했어."

공쌤이 가볍게 고개를 끄덕였다.

- "각자 33만 원씩 가져갑니다. 내가 33만 원을 가지고, 인공지능과 인공지능을 개발한 사람이 각각 33만 5000원을 가지면 공평하다고 생각합니다."
- "지원이는 5천 원을 양보했네."
- "나는 60만 원, 친구는 20만 원, 회사도 20만 원씩 가져가는 게 좋다고 생각해요. 왜냐하면 일단 내 작품이니 내가 제일 많이 가져가야 합니다. 그리고 나머지는 친구와 회사에 공평하게 반반 주었습니다."
- "민희는 아이디어 준 친구를 계속 챙기네."
- "나는 10만 원 정도만 가져가겠습니다. 왜냐면 내가 확실히 만든 게

아니기 때문입니다. 나머지는 잘 모르겠어요."

"준형이는 제일 적게 가져가네."

"돈을 나누기가 힘들기 때문에 인공지능을 만든 사람과 내가 공평하게 50만 원씩 나눠서 갖겠습니다."

아이들은 저마다의 이유를 들며 의견을 열심히 말했다. 그러다 보니 어느새 공쌤은 빠지고 자기들끼리 얘기하고 들어 주는 토론장이 되었다.

"다들 정말 훌륭한 답변들을 해 줬어. 각자 나름의 의견과 근거를 내놓았는데, 그걸 들으면서 얼마나 깊이 생각했는지 이해할 수 있었지. 그래서 더 훌륭했던 것 같아. 이쯤에서 선생님이 질문해 볼게. 인공지능을 사용하는 것은 결국 누구일까?"

 "사람이요."

 "인공지능을 만드는 것은 누구지?"

 "그것도 사람이요."

"그래! 결국 인공지능을 만드는 것, 제공하는 것, 사용하는 것 모두 사람이야. 그러니 인공지능은 만들 때부터 사람을 위한 것인지 고민해야 해. 그리고 인공지능을 사용하는 사람도 어떻게 활용하는 게 올바른지 생각하면서 써야 해."

아이들은 공쌤의 말에 귀를 쫑긋 세웠다.

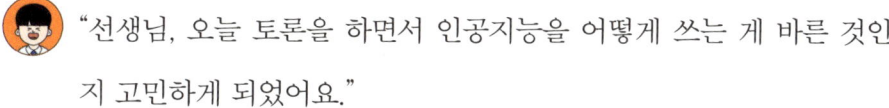 "선생님, 오늘 토론을 하면서 인공지능을 어떻게 쓰는 게 바른 것인지 고민하게 되었어요."

"너희들의 답변과 이유를 보면서 선생님도 함께 고민할 수 있어서 더 뜻깊은 시간이었단다. 앞으로도 함께 고민하고 의논해서 올바른 사용법도 정해 나가는 공쌤반이 되자!"

 "네, 공쌤~!"

아이들이 다 같이 힘차게 대답했다.

11

작가는 도슨트
작품 전시회

 "이제 우리의 작품들을 전시하는 시간을 가질 거야."
 "선생님, 교실 뒤 게시판에 전시하면 금방 끝나서 아쉬워요"
 "그래서 우리가 만든 작품들을 패들렛에서 전시하려고 해. 지난 시간에 과일 작품을 올렸던 것 기억하지? 이번에는 색칠한 작품들도 함께 올릴 거야."

아이들은 공쌤의 설명을 떠올리며 온라인 게시판에 자신의 작품을 올렸다. 중간중간 막히는 부분이 있으면 공쌤의 도움을 받았다. 모두 게시판에 작품들을 올리자 서로의 작품들이 한눈에 들어왔다.

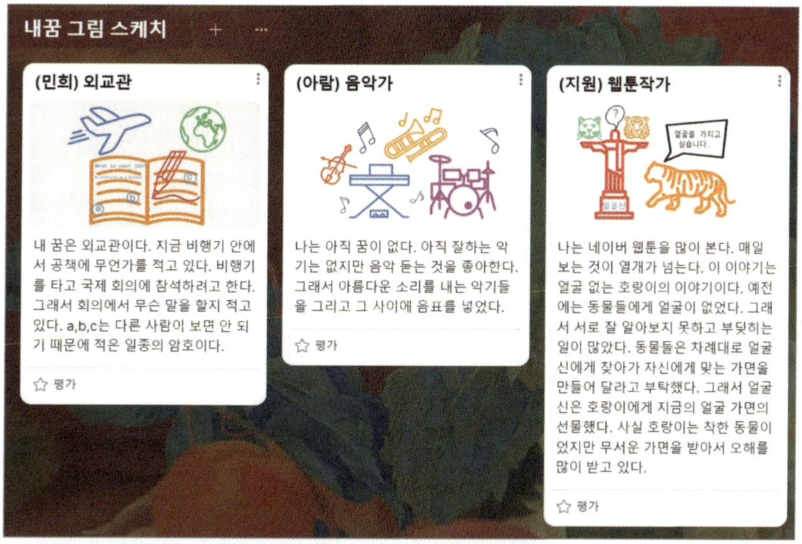

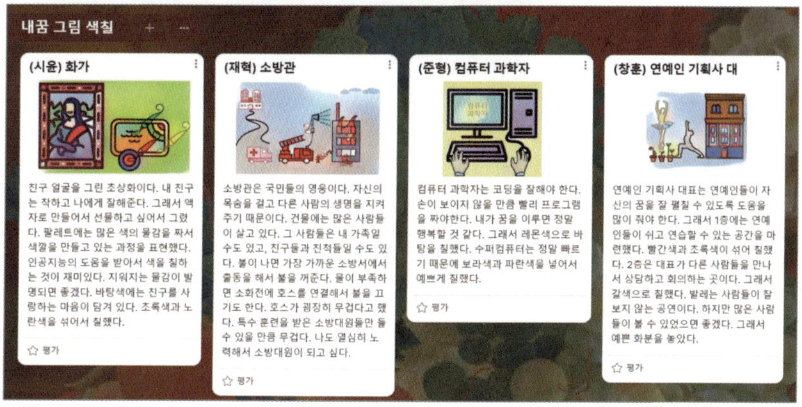

내꿈 그림 스케치

(민희) 외교관
내 꿈은 외교관이다. 지금 비행기 안에서 공책에 무언가를 적고 있다. 비행기를 타고 국제 회의에 참석하려고 한다. 그래서 회의에서 무슨 말을 할지 적고 있다. a,b,c는 다른 사람이 보면 안 되기 때문에 적은 일종의 암호이다.

(아람) 음악가
나는 아직 꿈이 없다. 아직 잘하는 악기는 없지만 음악 듣는 것을 좋아한다. 그래서 아름다운 소리를 내는 악기들을 그리고 그 사이에 음표를 넣었다.

(지원) 웹툰작가
나는 네이버 웹툰을 많이 본다. 매일 보는 것이 열개가 넘는다. 이 이야기는 얼굴 없는 호랑이의 이야기이다. 예전에는 동물들에게 얼굴이 없었다. 그래서 서로 잘 알아보지 못하고 부딪히는 일이 많았다. 동물들은 차례대로 얼굴신에게 찾아가 자신에게 맞는 가면을 만들어 달라고 부탁했다. 그래서 얼굴신은 호랑이에게 지금의 얼굴 가면의 선물했다. 사실 호랑이는 착한 동물이었지만 무서운 가면을 받아서 오해를 많이 받고 있다.

내꿈 그림 색칠

(시윤) 화가
친구 얼굴을 그린 초상화이다. 내 친구는 착한 나에게 잘해준다. 그래서 액자로 만들어서 선물하고 싶어서 그렸다. 팔레트에는 많은 색의 물감을 풀어서 색깔을 만들고 있는 과정을 표현했다. 인공지능의 도움을 받아서 색을 칠하는 것이 재미있다. 지워지는 물감이 발명되면 좋겠다. 바탕색에는 친구를 사랑하는 마음이 담겨 있다. 초록색과 노란색을 섞어서 칠했다.

(재혁) 소방관
소방관은 국민들의 영웅이다. 자신의 목숨을 걸고 다른 사람의 생명을 지켜주기 때문이다. 건물에는 많은 사람이 살고 있다. 그 사람들은 내 가족일 수도 있고, 친구들과 친척들일 수도 있다. 불이 나면 가장 가까운 소방서에서 출동을 해서 불을 꺼준다. 물이 부족하면 소화전에 호스를 연결해서 불을 끄기도 한다. 호스가 굉장히 무겁다고 했다. 특수 훈련을 받은 소방대원들만 들 수 있을 만큼 무겁다. 나도 열심히 노력해서 소방대원이 되고 싶다.

(준형) 컴퓨터 과학자
컴퓨터 과학자는 코딩을 잘해야 한다. 손이 보이지 않을 만큼 빨리 프로그램을 짜야한다. 내가 꿈을 이루면 정말 행복할 것 같다. 그래서 레몬색으로 바탕을 칠했다. 수퍼컴퓨터는 정말 빠르기 때문에 보라색과 파란색을 넣어서 예쁘게 칠했다.

(창훈) 연예인 기획사 대표
연예인 기획사 대표는 연예인들이 자신의 꿈을 잘 펼칠 수 있도록 도움을 많이 줘야 한다. 그래서 1층에는 연예인들이 쉬고 연습할 수 있는 공간을 마련했다. 빨간색과 초록색을 섞어 칠했다. 2층은 대표가 다른 사람들과 만나서 상담하고 회의하는 곳이다. 그래서 갈색으로 칠했다. 발레는 사람들이 잘 보지 않는 공연이다. 하지만 많은 사람들이 볼 수 있었으면 좋겠다. 그래서 예쁜 화분을 놓았다.

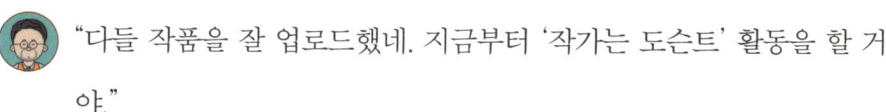
"다들 작품을 잘 업로드했네. 지금부터 '작가는 도슨트' 활동을 할 거야."

"도슨트가 뭐예요?"

"전시회에 방문한 관람객을 위해서 작품에 대해 자세하게 설명해 주는 사람을 말해. 우리말로 전시 해설사라고도 하지."

"음…… 그럼 '작가는 도슨트' 활동은 자기 작품의 도슨트가 되어 관람객에게 설명하는 거죠?"

"맞아! 자신의 작품에 대해서 제일 잘 아는 사람은 누굴까?"

"제가 제일 잘 알아요. 제가 그렸으니까요."

"맞아요. 제가 고민하면서 그려서 제가 제일 잘 알죠."

지원이가 검지 손가락으로 자신을 가리켰다.

"그렇지. 바로 작품을 그린 작가님들이 제일 잘 알지. 그러니까 왜 이 그림을 그리게 되었는지, 그리는 과정 중에 어떤 점이 즐거웠는지 등에 대해 작품 밑에 직접 설명을 적어 줘."

"네, 선생님!"

"흠흠, 저는 공쌤반 전시회를 담당하게 된 전시 기획자입니다. 작가님들, 안녕하세요. 오늘 전시회에 참석해 주셔서 감사합니다. 지금부터 작가님들의 작품에 대한 설명을 패들렛에 올려 주시기 바랍니다. 관람객들이 전시회에 오셔서 설명을 읽으며 작품을 감상하면 더 좋아할 테니까요."

아이들은 자신의 작품에 설명을 달면서 어떤 아이디어를 바탕으로 작품을 만들었는지, 인공지능에게 어떤 도움을 받았는지 자세히 적었다. 그리고 이전 미술 시간과 비교해서 어떤 점이 즐겁고 재밌었는지도 첨부했다.

 "작가님들, 작품 설명 입력은 끝났습니까?"

아이들은 재빨리 설명 입력을 마무리했다.

 "이제 온라인 전시회의 문을 열겠습니다. 관람객들이 입장합니다."
 "전시 기획자님, 관람객은 누구인가요?"
 "작가님들이 다른 작가님들의 관람객입니다. 그리고 패들렛 링크를 보내면 다른 반 친구들과 다른 학교 친구들도 작품들을 관람할 수 있어요."
 "와! 온라인 전시회라서 누구나 볼 수 있으니 너무 좋은 것 같아요. 가족들이랑 봐도 돼요?"

시윤이가 흥미진진한 눈빛으로 공쌤을 쳐다봤다.

 "네, 시윤 작가님. 집에서 가족들과 같이 전시회에 방문하셔서 작품들을 감상하셔도 됩니다."
 "어디로 들어가나요?"

🧑‍🏫 "QR코드를 찍거나 아래 주소를 입력해서 입장하시면 됩니다."

padlet.com/kindgong1/gongssam
공쌤반 전시회_작가는 도슨트

🧑‍🎓 "들어갔어요. 우와, 다른 작가님들의 해설도 보이고, 하트도 누를 수 있어요!"

🧑 "전시 기획자님, 하트를 꼭 눌러야 하나요?"

🧑‍🏫 "네! 지금까지 작품을 열심히 만든 작가님들에게 보내는 마음의 선물입니다. 관람객 여러분은 작품을 감상하시기 전에 꼭 먼저 하트를 눌러 주세요. 그러면 작가님들이 자신의 작품을 몇 명이나 봤는지 알 수 있어요."

🧑 "방명록 같은 것을 적어도 되나요?"

🧑‍🏫 "네, '+' 버튼을 눌러서 적고 싶은 내용을 작성하시면 됩니다. 그리고 관람객들의 새로운 작품도 올릴 수 있습니다."

🧑 "제가 방명록에 글을 올렸는데 안 보여요. 왜 그런 거예요?"

지원이는 혹시 실수한 건 아닌지 걱정했다.

- "누군가 방명록에 글을 올리면 제가 직접 확인해 보고, 괜찮은 내용이면 게시판에 보이도록 할 겁니다."
- "장난치면 안 되겠네요. 전시회에서는 예절을 지켜야 하니까요."
- "네, 온라인 전시회도 다양한 사람들이 함께 사용하는 공공장소입니다. 그러니 긍정의 방명록과 감상평을 적어 주시기 바랍니다. 특히 자신의 경험과 관련된 감상평을 적어 주시면 더욱 감사하겠습니다."

학생들은 실제 전시회에 입장한 듯 작품을 하나하나 신중하게 감상했다. 그리고 자신의 작품에 '좋아요' 하트가 몇 개 있는지 확인하기도 했다. 그동안 진행했던 '화가 되기 AI 프로젝트' 수업의 피날레를 보는 듯했다.

그리고 오랜 기간 이어져 왔던 다양한 'AI 프로젝트' 수업도 어느덧 끝을 향해 달려가고 있었다.

순서

1) 메타버스: 누구나 쉽게 사용할 수 있는 가상 공간의 세계
2) 공쌤의 꿀팁: 메타버스 전시장 활용하기

사용 프로그램

- 스페이셜(Spatial)

6장

마지막 선물

메타버스 작품 전시회

01

메타버스
누구나 쉽게 사용할 수 있는 가상 공간의 세계

"공쌤반 친구들, 선생님이 너희들에게 줄 선물이 있어."

"선물이요? 무슨 선물이요?"

"선생님이 보내 준 링크로 들어가면 알 수 있지. 같이 화면을 볼까?"

아이들은 공쌤이 접속한 메타버스 화면을 보자마자 환호성을 지르기 시작했다.

 "대박!"

"'공쌤반 스토리텔링 프로젝트 전시회'라고 적혀 있어요. 뭔가를 전시하는 곳인가 봐요."

 "선생님, 얼른 안으로 들어가요."

 "두둥두둥~!"

공쌤이 메타버스 속 아바타를 움직여 전시장 안으로 들어갔다. 그리고 왼쪽을 바라보자 동화책 전시실이 나타났다.

6장. 마지막 선물 ✦ 메타버스 작품 전시회

"앗, 여기는 어디죠?"

"너희들과 함께한 첫 번째 인공지능 프로젝트 수업의 결과물이 모여 있는 곳이지."

"첫 번째면 '동화 작가 되기 AI 프로젝트'네요. 우와, 우리가 만든 동화책을 전시실에서 볼 수 있는 건가요? 동화책은 페이지가 많은데 어떻게 보죠?"

"안으로 조금만 더 들어가요. 선생님!"

 "동화책 표지가 보여요. 액자에 걸려 있어요."

 "제 동화책은 저기 있어요. 어, 그런데 밑에 동그란 게 보여요. 공처럼 생겼어요."

 "자세히 보면 '동화책 읽기'라고 적혀 있네요."

 "이건 클릭해 보면 알 수 있지."

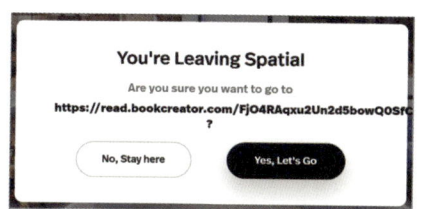

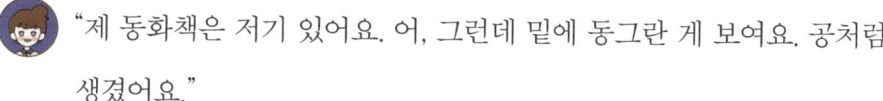 "이건 무슨 뜻이에요?"

"연결된 링크로 가겠냐고 물어보는 거야."

"그럼, 당연히 가야지!"

"링크로 연결되어 있어서 'Yes, Let's Go.'를 누르면 너희들이 만든 동화책으로 이동해서 내용을 읽을 수 있어."

"와, 제가 만든 동화책이에요. 가입을 하지 않아도 바로 볼 수 있네요."

"입구의 왼쪽에는 동화책이 있는 거네요. 그러면 전시장 입구의 오른쪽에는 뭐가 있나요?"

"맞아요. 궁금해요. 반대쪽도 가 봐요."

공쌤 아바타가 전시장 입구에서 오른쪽 방향으로 가자 새로운 전시실이 보였다.

 "여기는 웹툰 책 전시실이네요. 저기 복도 끝까지 가 봐요. 선생님."

"정말 신기해요. 진짜 전시실 같아요. 친구들의 작품도 다 볼 수 있네요. 웹툰도 연결되어 있나요?"

"그럼! 걸려 있는 웹툰 책 표지도 보고, 작품 밑에 있는 동그란 것을 클릭하면 내용도 볼 수 있어."

🧑 "저희가 보는 웹툰처럼 아래로 스크롤을 내리면서 보네요. 독자들한테 편할 것 같아요."

👨‍🎓 "선생님, 혹시 전시실 뒤에는 뭐가 있어요? 다른 프로젝트 작품들도 볼 수 있나요?"

👨‍🏫 "같이 가 볼까? 안으로 들어가면 무엇이 있을까?"

공쌤 아바타가 전시실 안으로 들어가자 아이들이 만든 꽃 동시 작품들이 보였다.

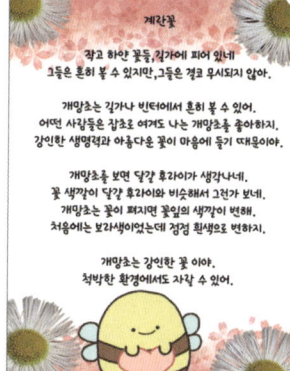
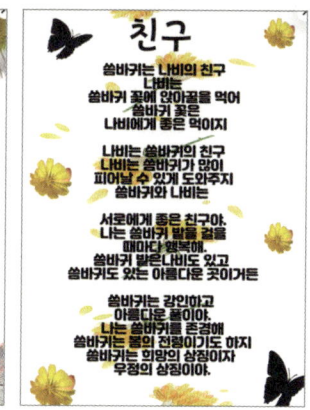

🧑 "우리가 만든 동시네요! 다 같이 걸려 있어요."

👨 "직접 찍은 꽃 사진도 있고, 바드 인공지능이랑 같이 만든 동시도 있어."

🧒 "선생님이 그때 마지막 깜짝 이벤트가 있다고 하셨는데, 바로 이거였군요! 완전 감동이에요."

👧 "만드는 데 시간이 엄청 오래 걸리셨죠? 감사해요, 선생님. 저 정말 기억에 오래 남을 것 같아요."

시윤이가 촉촉하게 물기를 머금은 눈으로 공쌤을 바라봤다.

- "저도요. 매번 프로젝트 수업할 때마다 재미있었는데 전시회까지 메타버스로 여니까 감동이 두 배예요."
- "고맙다, 얘들아! 너희들을 만나서 선생님은 정말 행복해. 이제 메타버스 전시장 링크를 줄 테니까 각자 들어가서 자기 작품이 잘 걸려 있는지 확인해 봐. 그리고 친구들 작품들도 하나씩 읽어 보고, 방명록에 칭찬 댓글도 적어 줘."

아이들은 메타버스 전시장을 뛰어다니다가도 자신의 작품을 발견하면 자리에 서서 천천히 읽어 보았다. 자신의 작품이 전시된 모습을 보고 실제 전시장에 있는 듯한 반응을 보였다. 또 온라인 공유 게시판을 이용할 때와는 다른 느낌이라고 얘기했다.

신이 난 아이들의 인공지능 작품 전시회 감상은 끝날 줄 몰랐다.

전시회에 참여한 공쌤반 아이들과 기념 촬영

02

공쌤의 꿀팁
메타버스 전시장 활용하기

 "공쌤이 만든 '메타버스 전시장 이용 방법'을 알려 줄게."

https://www.spatial.io/   "스페이셜 사이트에 접속하여 가입 후 로그인을 해야 해."

   "아바타 옆에 있는 'Create a Space'를 클릭!"

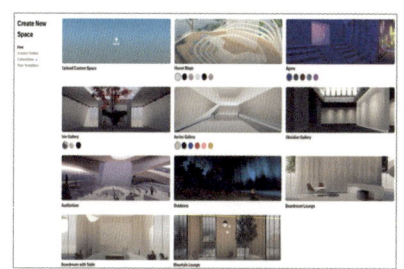 "다양한 공간이 나와 있지? 그 중에 마음에 드는 곳을 클릭!"

 "액자 앞으로 걸어가서 'Upload Art'를 클릭해 보자."

 "'업로드' 탭을 누르면 내 컴퓨터에 있는 이미지를 불러올 수 있어."

 "이렇게 하나씩 올리다 보면 내 작품들로 가득한 전시장을 만들 수 있어. 지금부터 나만의 전시장을 만들어 보자!"

나가며

최강의 AI 공쌤반 아이들의 '무한 도전'

안녕하세요. '최강의 AI 공쌤반'의 공쌤입니다. 우리 친구들은 이 책을 읽으면서 무엇을 느끼고 생각했는지 궁금하네요. 어른들은 이야기하죠. 어렸을 때는 많은 것들을 보고 듣고 느끼고 생각해야 한다고요. 하지만 우리 친구들은 무엇을 어떻게 해야 많은 것들을 경험할 수 있는지 모르잖아요.

그래서 공쌤은 많은 것을 경험하는 방법을 알려 주고 싶었어요. 다양한 프로젝트 활동을 통해 기자, 동화 작가, 그림 작가, 편집자, 웹툰 작가, e북 편집자, 애니메이션 감독, 영상 편집자, 시인, 시화 전문가, 화가 같은 경험을 해 봤으면 좋겠다는 마음으로 말이죠. 이 책을 읽는 친구들도 여러 경험을 함께해 봤으면 합니다.

스마트폰의 세상에서 사는 공쌤반 친구들은 앞으로 인공지능 시대를 이끌어 갈 거예요. 인공지능이 무엇인지 머리로만 아는 게 아니라 실제로 활용하고 어떤 원리로 움직이는지 몸과 마음으로도 이해한다면 좋겠네요.

ChatGPT의 발전을 기점으로 '인식의 인공지능'에서 '생성형 인공지능'으로 전환되고 있어요. 자율 주행 자동차처럼 이미지를 구분해 내는 데 탁월한 인공지능이 텍스트, 이미지, 소리, 영상을 만들어 내는 것도 잘하게 된 거죠.
앞으로 기술이 발전할수록 '기술적인 능력'보다 어떤 방식으로 발전된 기술들을 이용할 것인지 '기획하고 활용하는 능력'이 더 중요해질 거예요.

이처럼 생각하는 능력이 더 중요한 시대가 다가오고 있어요. 그렇다면 생각하는 능력을 키우려면 어떻게 해야 할까요?
지금보다 책을 더 많이 읽고, 더 많이 생각하면서 메모하는 습관을 길러야 해요. 그리고 친구들과 얘기를 더 많이 하고, 아이디어를 더 많이 공유해야 해요. 혼자 잘하는 것보다 친구와 함께하는 능력이 더 중요합니다. 인공지능은 사람을 위해 만들어졌으니까요. 결국 인공지능은 사람이 만들고, 사람이 서비스하고, 사람이 이용하는 거잖아요. 옆에 있는 친구를 배려하고 챙기는 사람은 누구나 함께하고 싶어 하죠.

앞으로 인공지능을 개발하는 사람이 되든, 활용하는 사람이 되든 그 중심에는 '사람'이 있었으면 합니다. 친구들을 배려하고, 친구들과 함께 성장하는 공쌤반 친구들이 이 세상에 더 많아졌으면 합니다.

　마지막으로 공쌤반 친구들에게 할 말이 있습니다. 공쌤이랑 이런저런 프로젝트 한다고 고생이 많았는데, 이 자리를 빌려 정말 고맙다는 얘기를 하고 싶어요.
　"선생님 인생에 너희들을 만나서 함께 이런 수업을 했다는 게 얼마나 큰 행복인지 몰라. 너희들이 기뻐하는 표정과 신나서 환호하는 소리를 들을 때마다 선생님은 매일 매 순간 행복했단다. 선생님 반으로 와 줘서 고마워. 사랑해. 알지? 한 번 공쌤반은 영원히 공쌤반이야!"

최강의 AI 공쌤반 아이들

초판 1쇄 발행 2023년 10월 25일
초판 2쇄 발행 2024년 6월 15일

지은이 공민수
발행인 강선영·조민정
디자인 강수진
펴낸곳 ㈜앵글북스
주소 서울시 종로구 사직로8길 34 경희궁의 아침 3단지 오피스텔 407호
문의전화 02-6261-2015 **팩스** 02-6367-2020
메일 contact.anglebooks@gmail.com

ISBN 979-11-87512-89-9 73500

* 리틀에이는 ㈜앵글북스의 아동·청소년 브랜드입니다.
* 이 책은 저작권법에 의해 보호를 받는 저작물이므로 무단 전재와 복제를 금하며 책 내용의 전부 또는 일부를 사용하려면 반드시 저작권자와 ㈜앵글북스의 서면 동의를 받아야 합니다.
  잘못된 책은 구입처에서 바꿔 드립니다.